해봐요
문해력 초등 한글

2 단계

《문해력 초등 한글》은 예비 초등생과 초등 저학년을 대상으로 만든 한글 책입니다.
60일 만에 자모음부터 겹받침 글자까지 체계적으로 배울 수 있습니다.

한글 떼기부터
어휘력, 기초 문해력을 한 번에!!

한글 학습의 구성 요소

음운 - 자모음의 모양, 이름, 소리 익히기

읽기 - 낱자, 낱말, 구절, 문장 읽기

문해 - 다양한 형식의 글을 읽고 내용 이해하기

쓰기 - 낱자, 낱말, 구절, 문장 쓰기

어휘 - 쓰임과 의미에 맞게 낱말 활용하기

다섯 가지 특징

한글 떼기는 물론, **700여 개의 낱말과 비슷한 구절** 등을 통해 **어휘력**까지 키울 수 있어요.

시각적인 **가획 원리, QR 코드를 활용**한 청각 자극을 통해 글자의 모양과 소리를 쉽게 익힐 수 있어요.

배운 글자를 반복적으로 제시하여 **자연스럽게 복습 효과**를 얻을 수 있어요.

받침 글자의 난이도를 고려하여 '쉬운 받침'과 '어려운 받침'을 **구분**하여 받침 글자를 쉽고 점진적으로 익힐 수 있어요.

리듬감 있게 구성한 말놀이 글감, 다양한 형식의 30여 편 글감과 **질문**을 통해 재미있고 자연스럽게 **기초 문해력**을 키울 수 있어요.

"이렇게 활용해요"

만나요

배울 글자를 미리 만나 보며 스티커 붙이기

해 봐요

쉬운 받침

QR 코드
받침 글자의 짜임 원리 익히기

받침의 소릿값을 활용하여 받침 글자 조합 익히기

받침 글자가 조합된 형태를 보며 따라 쓰기

받침 글자가 들어간 낱말 읽고 쓰기

받침 글자를 읽고 쓰기

받침 글자로 된 낱말을 다양한 방법으로 확인하기

1일

QR 코드
기초 문해력을 위한, 반복적 언어 패턴의 리듬감 있는 말놀이 하기

된소리

QR 코드
된소리 글자의 모양과 소리를 기본 자음자와 비교하여 익히기

자음 두 글자를 붙여서 글자를 만드는 원리(병서의 원리)를 시각적으로 익히고 된소리 글자를 순서에 맞게 쓰기

된소리 글자가 조합된 형태를 보며 따라 쓰기

된소리가 들어간 낱말을 읽고 따라 쓰기

학습한 된소리 글자를 다양한 방법으로 확인하기

8일

낱말 속에 쓰인 된소리 글자 따라 쓰며 구절 익히기

QR 코드
기초 문해력을 위한, 반복적 언어 패턴의 리듬감 있는 말놀이 하기

"무엇을 배울까요?"

2단계

똑똑 쉬운 받침

- 1일 ㅇ받침 ······ 10
- 2일 ㄱ받침 ······ 14
- 3일 ㄴ받침 ······ 18
- 4일 ㄹ받침 ······ 22
- 5일 ㅁ받침 ······ 26
- 6일 ㅂ받침 ······ 30
- 7일 쏙쏙 쉬운 받침 ······ 34

똑똑 된소리

- 8일 ㄲ ······ 40
- 9일 ㄸ ······ 44
- 10일 ㅃ ······ 48

1단계 에서 만나요

1일 ㅣ, ㅏ, ㅑ	8일 ㄷ, ㅌ	15일 나~니, 라~리
2일 ㅓ, ㅕ	9일 ㅁ, ㅂ, ㅍ	16일 쏙쏙 받침 없는 글자 ❶
3일 ㅡ, ㅗ, ㅛ	10일 ㅅ, ㅈ, ㅊ	17일 다~디, 타~티
4일 ㅜ, ㅠ	11일 ㅇ, ㅎ	18일 마~미, 바~비, 파~피
5일 쏙쏙 기본 모음	12일 쏙쏙 기본 자음	19일 사~시, 자~지, 차~치
6일 ㄱ, ㅋ	13일 아~이, 하~히	20일 쏙쏙 받침 없는 글자 ❷
7일 ㄴ, ㄹ	14일 가~기, 카~키	

11일	ㅆ	52
12일	ㅉ	56
13일	쏙쏙 된소리	60

똑똑 복잡한 모음

14일	ㅐ	66
15일	ㅔ	70
16일	ㅚ, ㅟ	74
17일	ㅘ, ㅝ	78
18일	ㅖ, ㅢ	82
19일	ㅒ, ㅙ, ㅞ	86
20일	쏙쏙 복잡한 모음	92

3단계 에서 만나요

1일	ㄱ받침	8일	ㅅ받침	15일	쏙쏙 어려운 받침 ③
2일	ㄴ받침	9일	ㅇ받침	16일	ㄲ·ㅆ받침
3일	ㄷ받침	10일	쏙쏙 어려운 받침 ②	17일	ㄵ·ㄶ받침
4일	ㄹ받침	11일	ㅈ받침	18일	ㄺ·ㄼ받침
5일	쏙쏙 어려운 받침 ①	12일	ㅊ받침	19일	ㄻ·ㅀ받침
6일	ㅁ받침	13일	ㅋ·ㅌ받침	20일	쏙쏙 쌍받침·겹받침
7일	ㅂ받침	14일	ㅍ·ㅎ받침		

ㅇ 받침

음운 읽기 글자의 짜임을 살펴보며 소리를 따라 해 보세요.

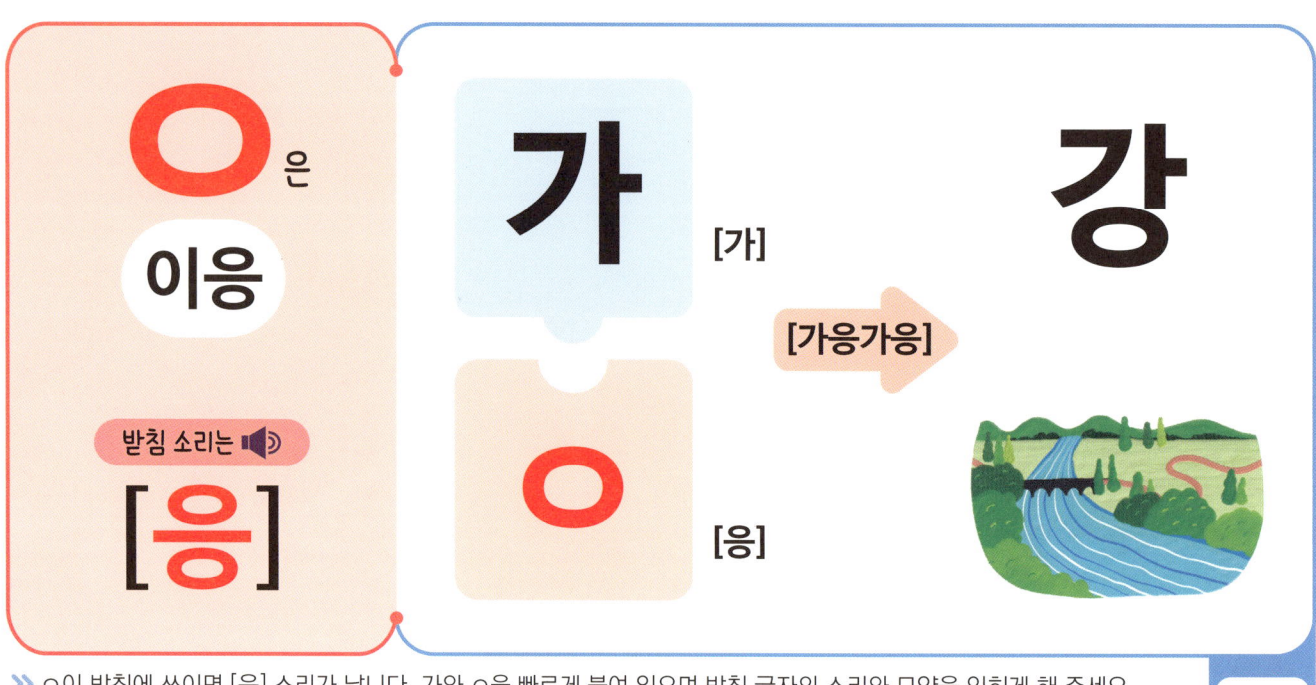

>> ㅇ이 받침에 쓰이면 [응] 소리가 납니다. 가와 ㅇ을 빠르게 붙여 읽으며 받침 글자의 소리와 모양을 익히게 해 주세요.

음운 읽기 쓰기 글자의 짜임을 살펴보며 읽고 따라 써 보세요.

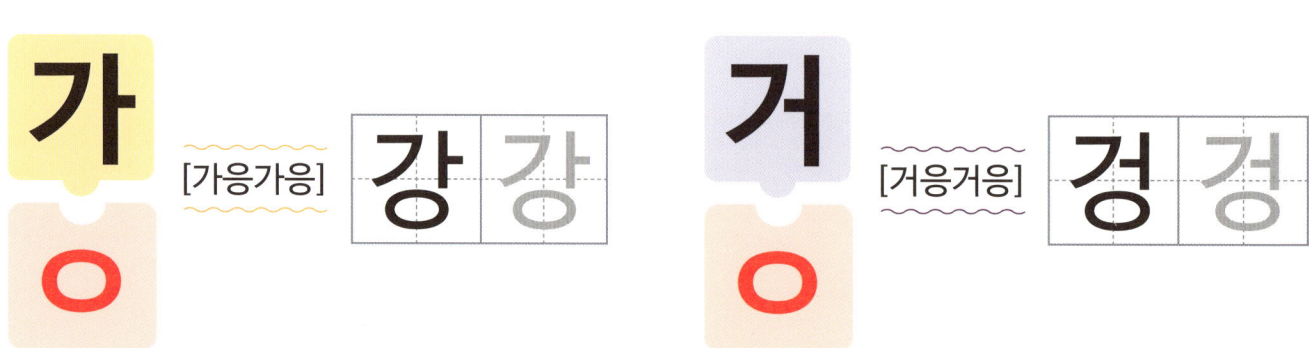

음운 쓰기 ㅇ받침 글자를 만들어 빈칸에 써 보세요.

	바	사	차	야	벼	혀	고	조	요	드
ㅇ [응]	방									

≫ 앞에서 배운 글자의 짜임대로 받침 없는 글자에 ㅇ을 붙여 읽으면서 쓰게 해 주세요.

읽기 쓰기 그림의 이름을 말하고 낱말을 따라 써 보세요.

피망

상추

농구공

강아지

읽기 쓰기 낱말을 소리 내어 읽고 써 보세요.

 병
 양
 종
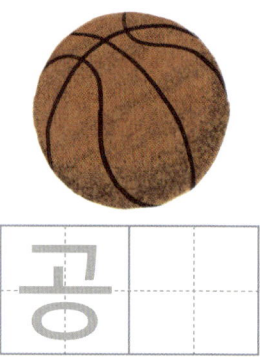 공

 농부
 자동차

 양궁
 강낭콩

 통장
 방망이

 망치
 청바지

12

재미있게 마무리하기

읽기 어휘 그림에 알맞은 글자에 ○표를 해 보세요.

대굴대굴 굴러가요.

방　종　공

매애매애 울어요.

양　콩　용

읽기 문해 ㅇ받침 글자에 ○표를 하며 글을 읽어 보세요.

» 한글 공부의 즐거움을 느낄 수 있도록 리듬감을 살려 글을 읽게 해 주세요. 아직 배우지 않은 글자는 읽는 것을 도와주세요.

오동통 강아지
웅덩이에 풍덩!
엉덩이가 축축해.

ㄱ받침

음운 읽기 글자의 짜임을 살펴보며 소리를 따라 해 보세요.

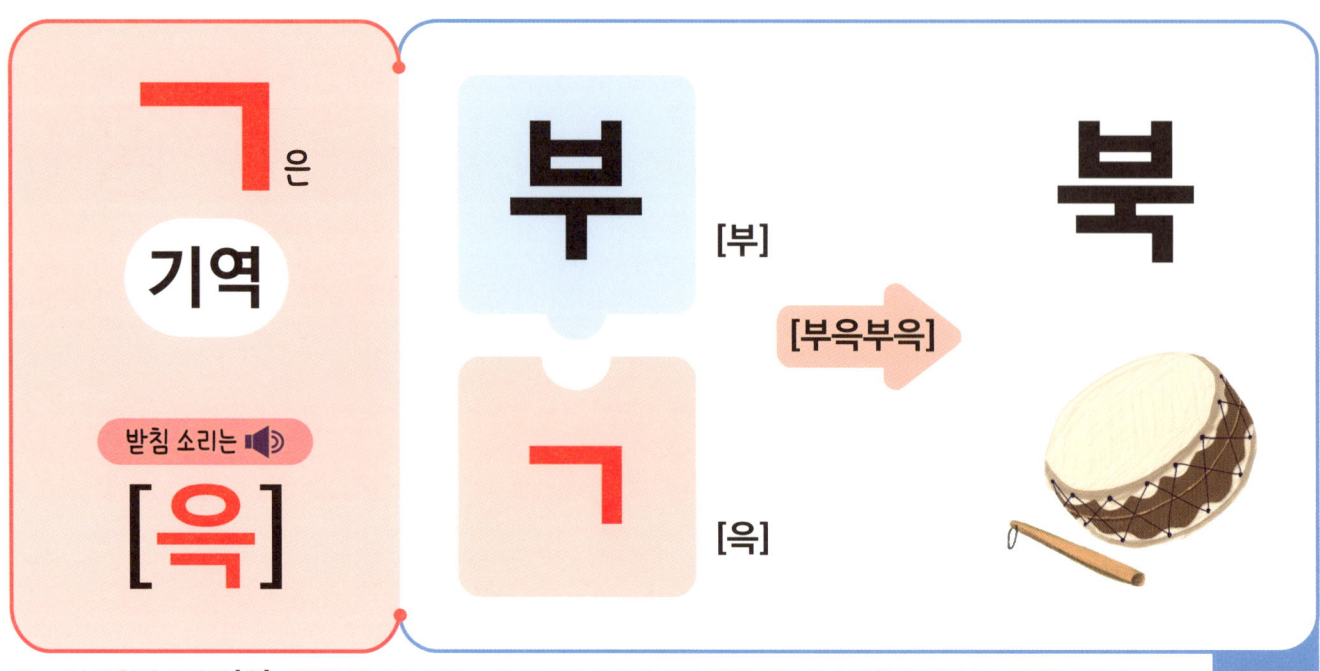

ㄱ은 기역
받침 소리는
[윽]

>> ㄱ이 받침에 쓰이면 [윽] 소리가 납니다. 부와 ㄱ을 빠르게 붙여 읽으며 받침 글자의 소리와 모양을 익히게 해 주세요.

음운 읽기 쓰기 글자의 짜임을 살펴보며 읽고 따라 써 보세요.

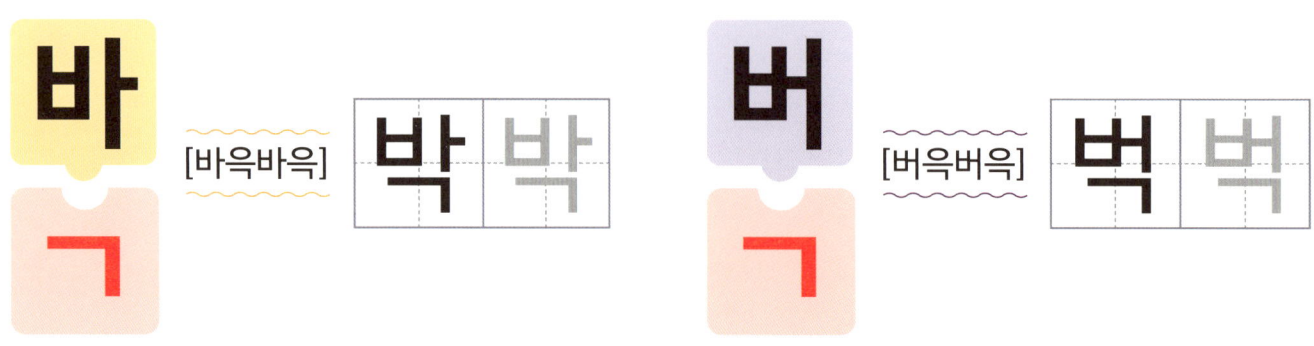

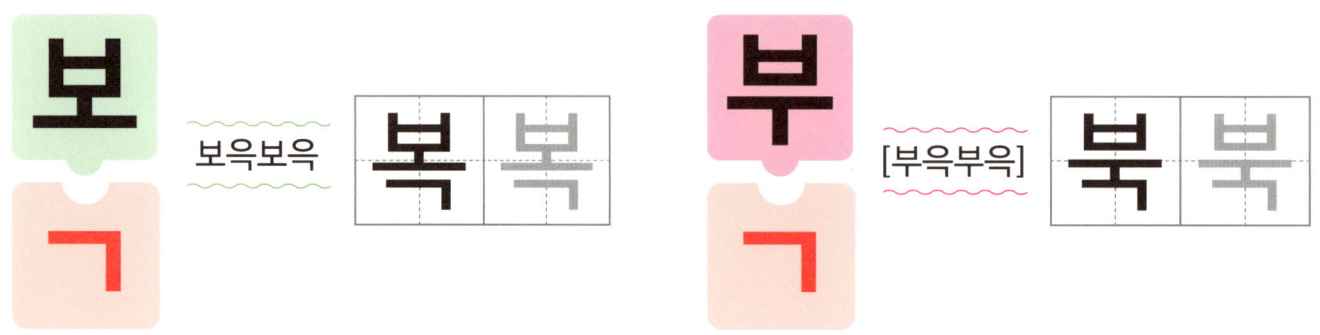

음운 쓰기 ㄱ받침 글자를 만들어 빈칸에 써 보세요.

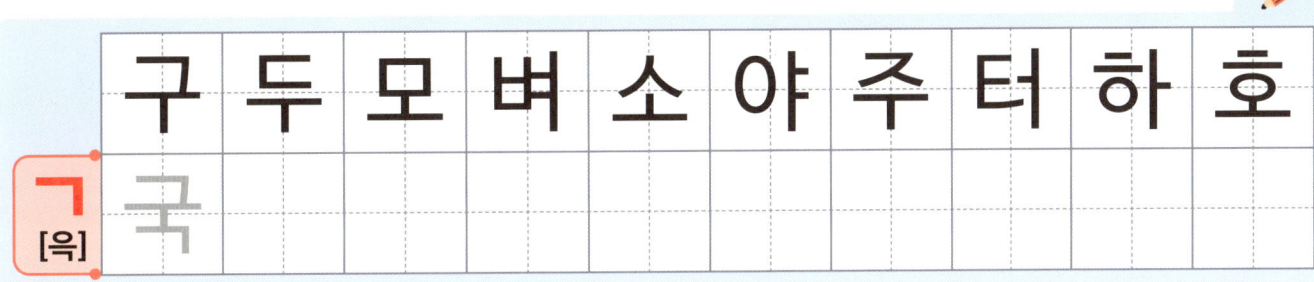

	구	두	모	벼	소	야	주	터	하	호
ㄱ [윽]	국									

≫ 앞에서 배운 글자의 짜임대로 받침 없는 글자에 ㄱ을 붙여 읽으면서 쓰게 해 주세요.

읽기 쓰기 그림의 이름을 말하고 낱말을 따라 써 보세요.

어묵

미역

수박

바지락

읽기 쓰기 낱말을 소리 내어 읽고 써 보세요.

 국
 목
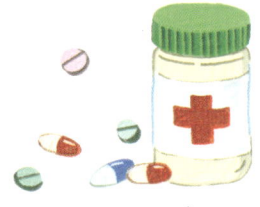 약
 턱

 거북
 낙타

 가족
 교복

 식탁
 치약

 폭포
 주걱

재미있게 마무리하기

읽기 어휘 그림에 알맞은 글자에 ○표를 해 보세요.

두드려서 소리를 내요.  복　벽　북

아플 때 먹어요. 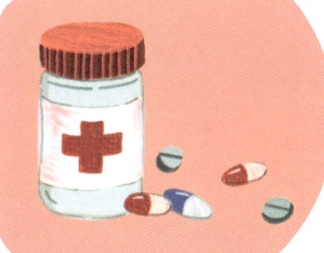 약　역　욕

읽기 문해 ㄱ받침 글자에 ○표를 하며 글을 읽어 보세요.

국수 만들기 시작!
송송 썰어요, 호박!
박박 문질러요, 바지락!

ㄴ 받침

음운 읽기 글자의 짜임을 살펴보며 소리를 따라 해 보세요.

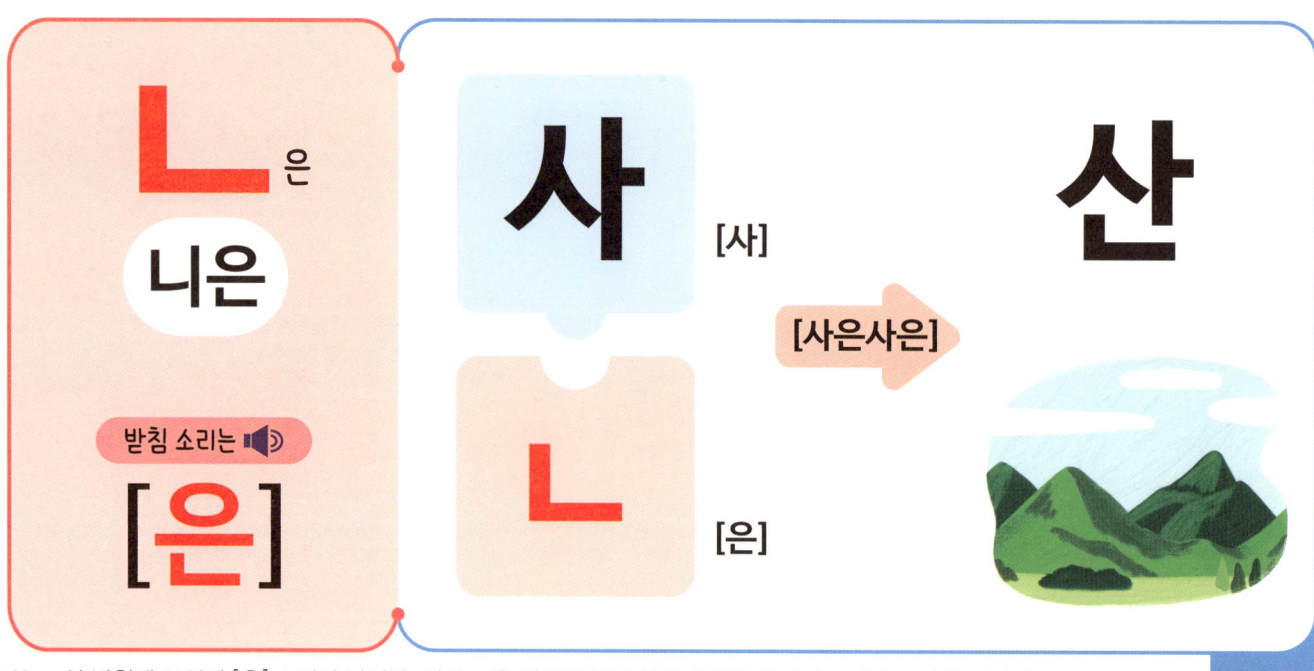

>> ㄴ이 받침에 쓰이면 [은] 소리가 납니다. 사와 ㄴ을 빠르게 붙여 읽으며 받침 글자의 소리와 모양을 익히게 해 주세요.

음운 읽기 쓰기 글자의 짜임을 살펴보며 읽고 따라 써 보세요.

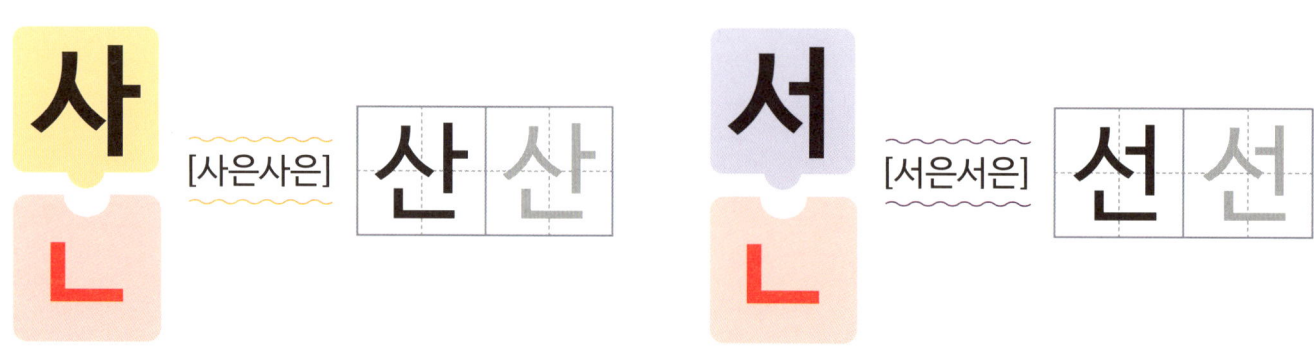

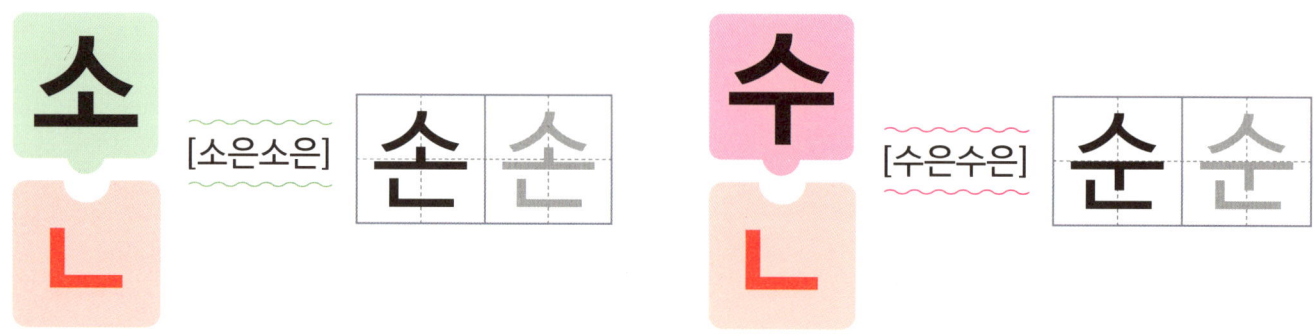

3일

음운 쓰기 ㄴ받침 글자를 만들어 빈칸에 써 보세요.

	가	노	누	도	무	여	으	자	저	펴
ㄴ [은]	간									

» 앞에서 배운 글자의 짜임대로 받침 없는 글자에 ㄴ을 붙여 읽으면서 쓰게 해 주세요.

읽기 쓰기 그림의 이름을 말하고 낱말을 따라 써 보세요.

사진
안경
반지
신부

읽기 쓰기 낱말을 소리 내어 읽고 써 보세요.

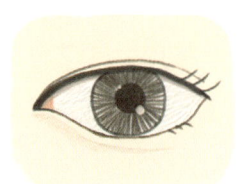 눈

 문

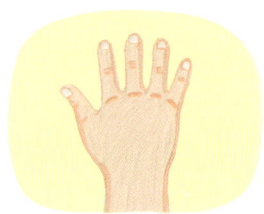 손

 연

 수건

 우산

 기린

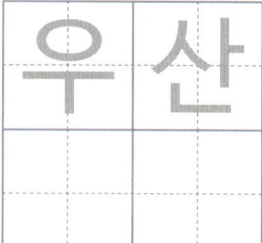 반바지

 커튼

 단추

 변기

 자전거

재미있게 마무리하기

읽기 어휘 그림에 알맞은 글자에 ○표를 해 보세요.

만지거나 잡아요. 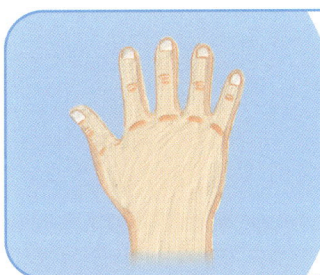 산 신 손

하늘 높이 날려요.  은 연 면

읽기 문해 ㄴ받침 글자에 ○표를 하며 글을 읽어 보세요.

우리 가족 단골 분식집!
언니는 라면 먹고
나는 만두 먹어요.

ㄹ 받침

음운 읽기 글자의 짜임을 살펴보며 소리를 따라 해 보세요.

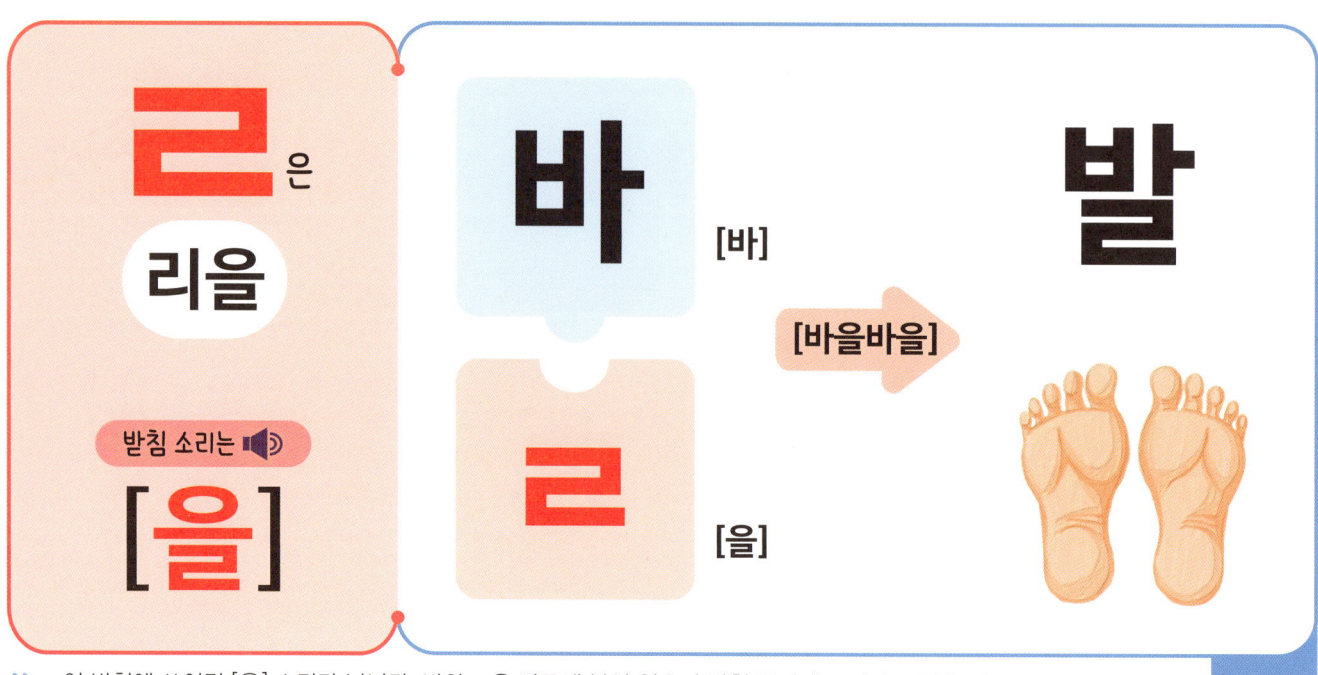

>> ㄹ이 받침에 쓰이면 [을] 소리가 납니다. 바와 ㄹ을 빠르게 붙여 읽으며 받침 글자의 소리와 모양을 익히게 해 주세요.

음운 읽기 쓰기 글자의 짜임을 살펴보며 읽고 따라 써 보세요.

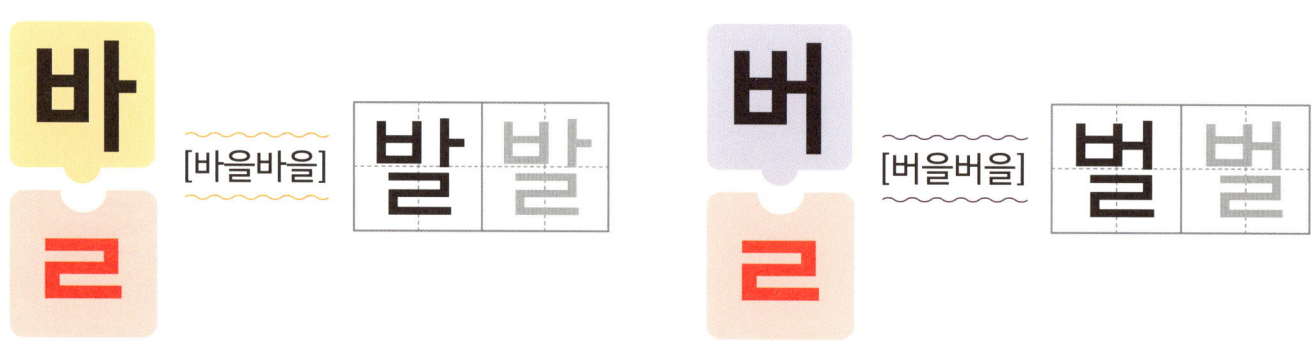

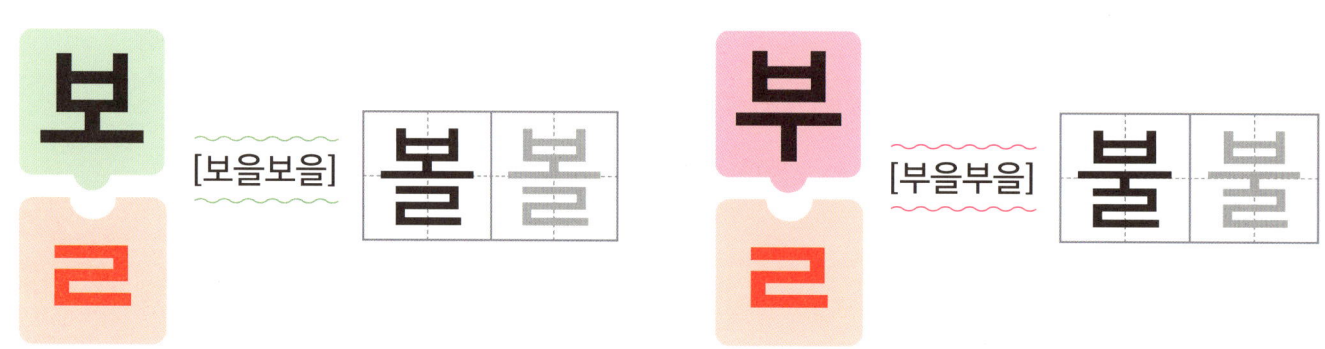

음운 쓰기 ㄹ받침 글자를 만들어 빈칸에 써 보세요.

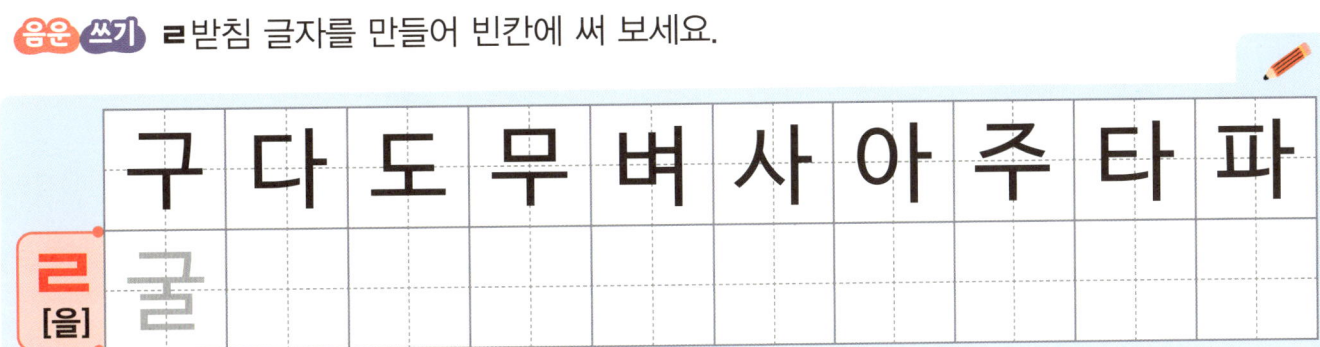

	구	다	도	무	벼	사	아	주	타	파
ㄹ [을]	굴									

» 앞에서 배운 글자의 짜임대로 받침 없는 글자에 ㄹ을 붙여 읽으면서 쓰게 해 주세요.

읽기 쓰기 그림의 이름을 말하고 낱말을 따라 써 보세요.

파라솔

얼굴

슬리퍼

오리발

읽기 쓰기 낱말을 소리 내어 읽고 써 보세요.

 돌

 말

 별

 팔

 달걀

 교실

 이불

 설거지

 멸치

 털모자

 거울

 할머니

24

재미있게 마무리하기

읽기 어휘 그림에 알맞은 글자에 ○표를 해 보세요.

흙보다 단단해요.

둘 돌 들

반짝반짝 빛나요.

발 별 벌

읽기 문해 ㄹ받침 글자에 ○표를 하며 글을 읽어 보세요.

쿨쿨 코 고는 소리.
고릴라인가? 아니요!
코알라인가? 맞아요!

ㅁ 받침

음운 읽기 글자의 짜임을 살펴보며 소리를 따라 해 보세요.

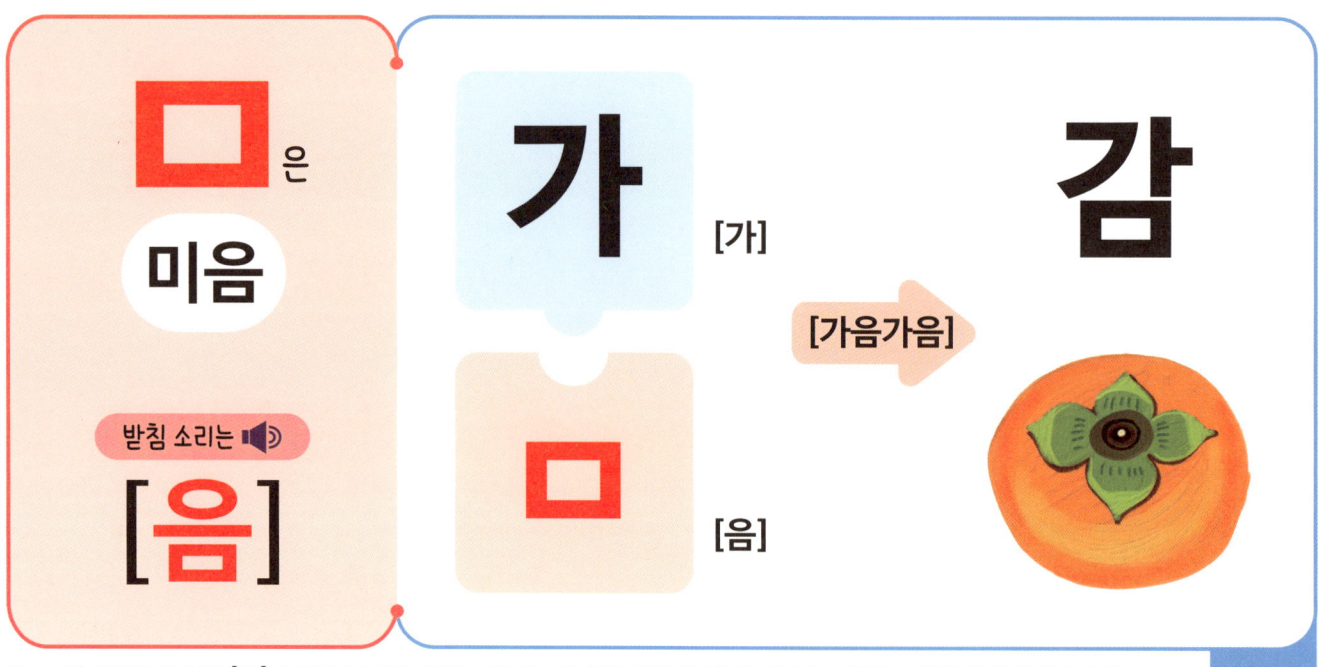

ㅁ은 미음 [음]
받침 소리는 🔊

가 [가]
ㅁ [음]
[가음가음]
감

≫ ㅁ이 받침에 쓰이면 [음] 소리가 납니다. 가와 ㅁ을 빠르게 붙여 읽으며 받침 글자의 소리와 모양을 익히게 해 주세요.

음운 읽기 쓰기 글자의 짜임을 살펴보며 읽고 따라 써 보세요.

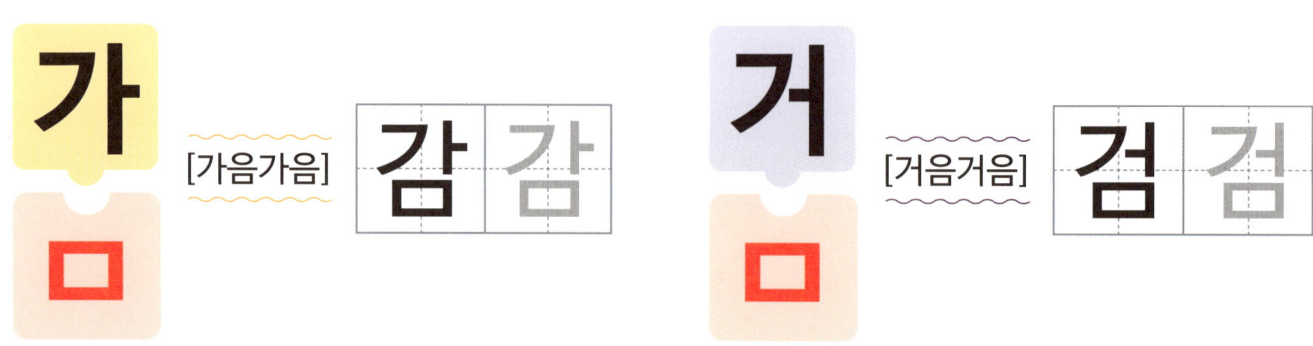

가 ㅁ [가음가음] 감 감

거 ㅁ [거음거음] 검 검

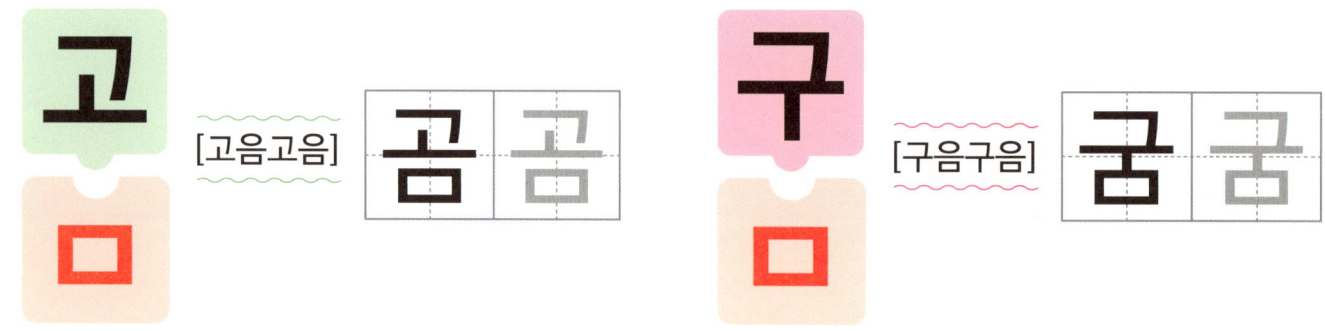

고 ㅁ [고음고음] 곰 곰

구 ㅁ [구음구음] 굼 굼

26

월   일   **5일**

음운 쓰기 ㅁ받침 글자를 만들어 빈칸에 써 보세요.

	모	바	보	서	자	저	치	트	푸	히
ㅁ [음]	몸									

》 앞에서 배운 글자의 짜임대로 받침 없는 글자에 ㅁ을 붙여 읽으면서 쓰게 해 주세요.

읽기 쓰기 그림의 이름을 말하고 낱말을 따라 써 보세요.

참기름

소금

침

김

읽기 쓰기 낱말을 소리 내어 읽고 써 보세요.

밤 섬 잠 춤

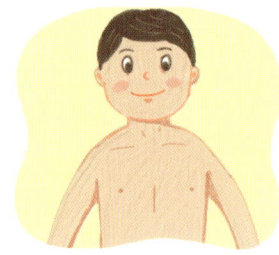 가슴  구름

 수염  시금치

 샴푸  임금님

 표범  컴퓨터

재미있게 마무리하기

읽기 어휘 그림에 알맞은 글자에 ○표를 해 보세요.

밥에 싸서 먹어요.  곰 금 김

겨울에 구워 먹어요.  밤 범 봄

읽기 문해 ㅁ받침 글자에 ○표를 하며 글을 읽어 보세요.

솜사탕에 혀를 대면
구름 맛이 느껴져요.
달콤한 연분홍 구름!

ㅂ 받침

음운 읽기 글자의 짜임을 살펴보며 소리를 따라 해 보세요.

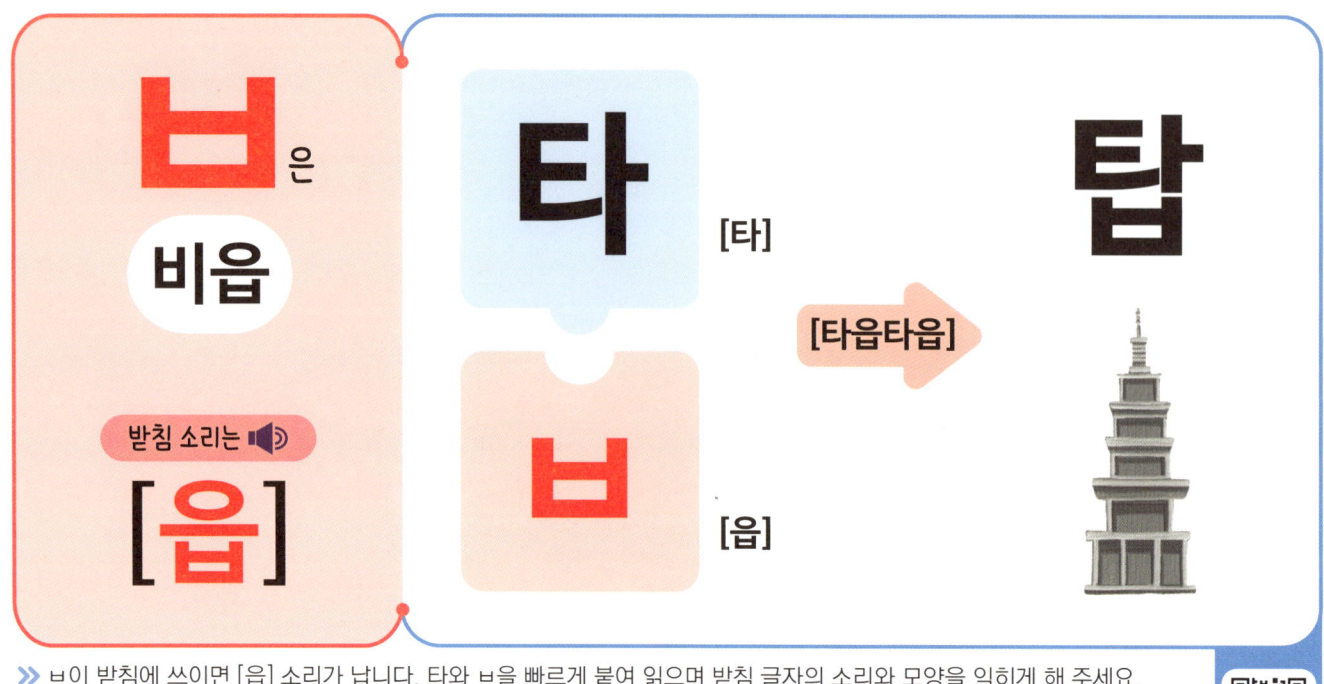

▶▶ ㅂ이 받침에 쓰이면 [읍] 소리가 납니다. 타와 ㅂ을 빠르게 붙여 읽으며 받침 글자의 소리와 모양을 익히게 해 주세요.

음운 읽기 쓰기 글자의 짜임을 살펴보며 읽고 따라 써 보세요.

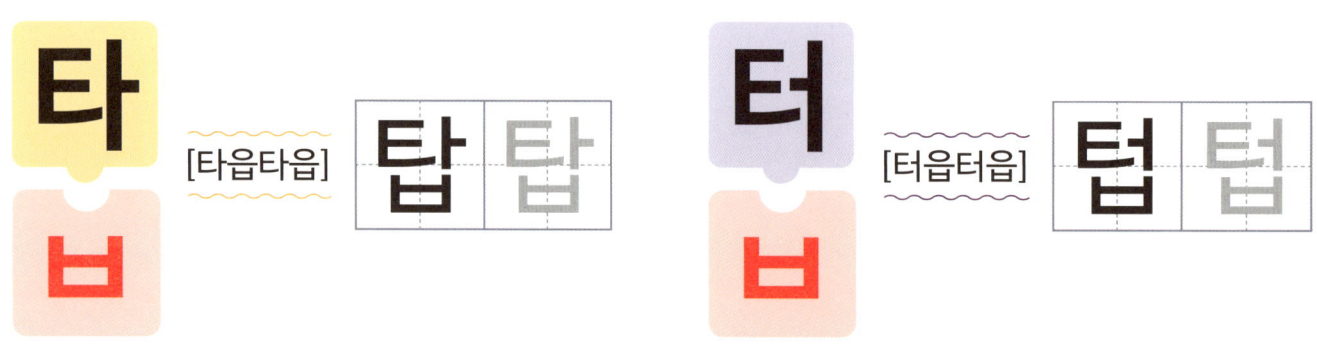

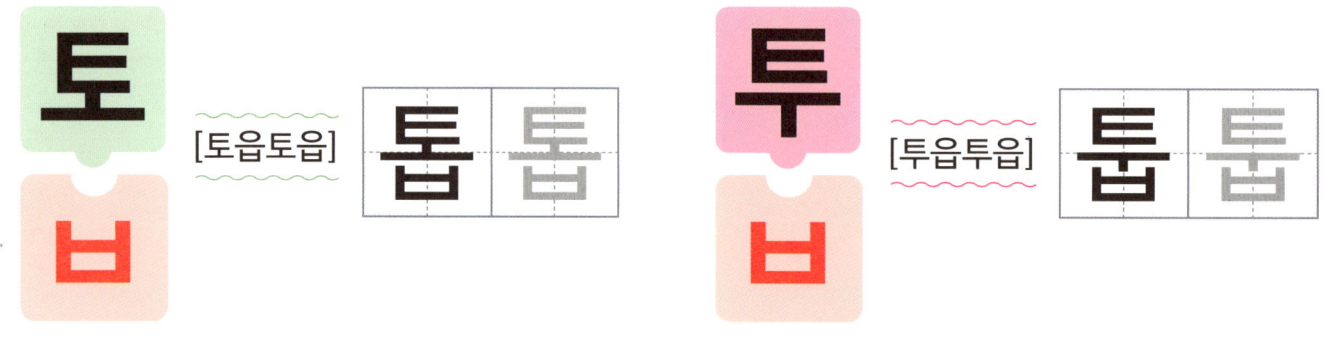

음운 쓰기 ㅂ받침 글자를 만들어 빈칸에 써 보세요.

	거	나	다	바	버	이	즈	지	사	커
ㅂ [읍]	겁									

≫ 앞에서 배운 글자의 짜임대로 받침 없는 글자에 ㅂ을 붙여 읽으면서 쓰게 해 주세요.

읽기 쓰기 그림의 이름을 말하고 낱말을 따라 써 보세요.

장갑
컵
홍합
보리밥

읽기 쓰기 낱말을 소리 내어 읽고 써 보세요.

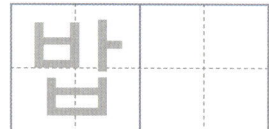 밥　　 입　　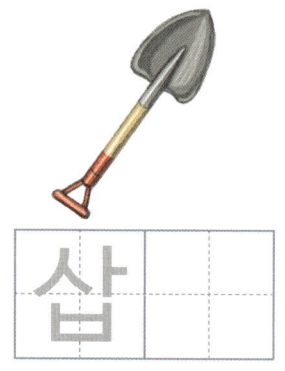 삽　　 톱

 지갑　　 수첩

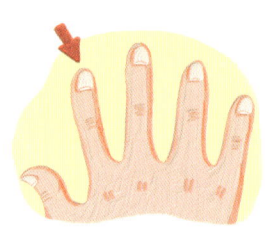 손톱　　 팝콘

 합창　　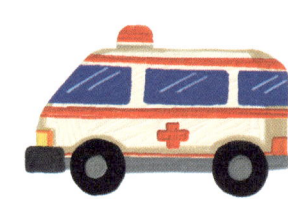 구급차

 튤립　　 초가집

재미있게 마무리하기

읽기 어휘 그림에 알맞은 글자에 O표를 해 보세요.

물을 담아 마셔요.

캅   컵   컴

우리가 사는 곳이에요.

즙   징   집

읽기 문해 ㅂ받침 글자에 O표를 하며 글을 읽어 보세요.

친구들 일곱 명이
합창을 해요.
입 모양이 똑같아요.

쉬운 받침

글자와 소리가 같은 낱말

● 그림에 알맞은 글자에 ○표를 하고 빈칸에 옮겨 써 보세요.

막 망 방

| 피 | | |

정 잔 전

| 자 | | 거 |

반 박 밤

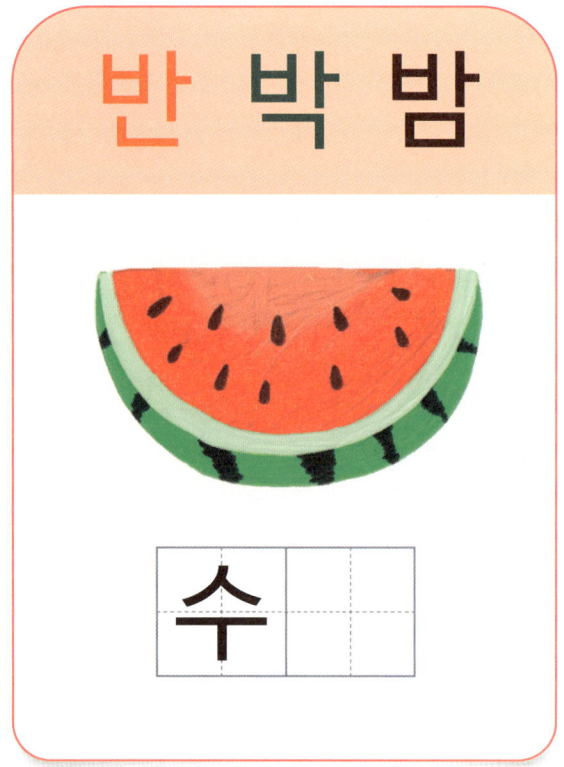

| 수 | | |

털 턱 탈

| | 모 | 자 |

● 빈칸에 모두 들어가는 글자를 찾아 ○표를 하고 옮겨 써 보세요.

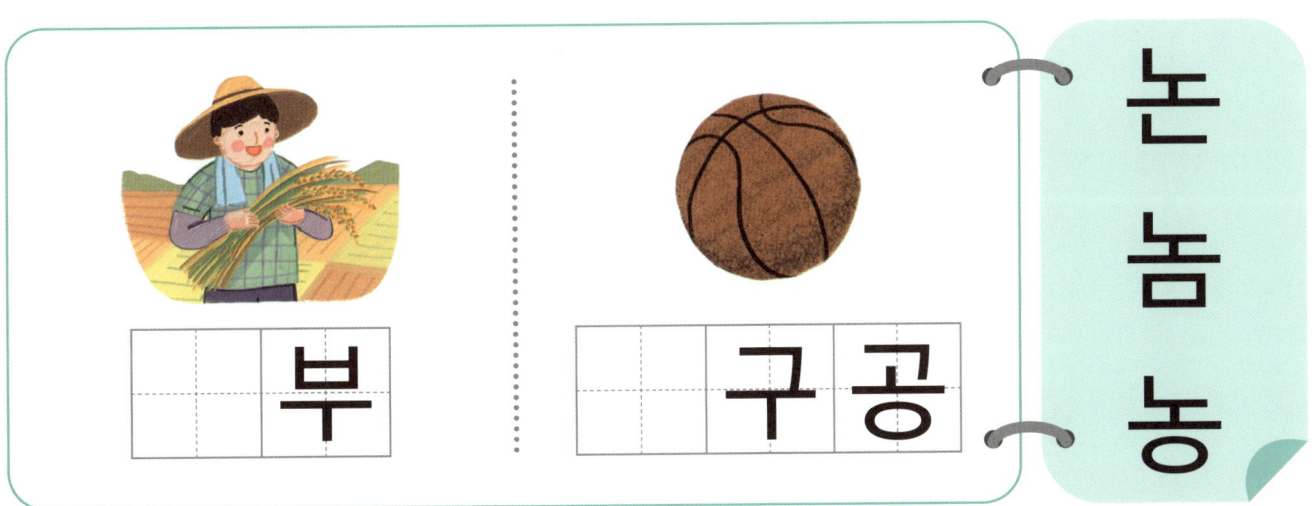

● 그림에 알맞은 글자를 □에서 찾아 ○표를 하고 빈칸에 옮겨 써 보세요.

● 빈칸에 들어갈 글자를 □에서 골라 써 보세요.

● 친구들 이름표예요. 소리 내어 읽고 초록 이름표 ☐에 나의 학교, 반, 이름을 써 보세요.

》 익숙하지 않은 낱말을 읽어 보게 함으로써 글자를 제대로 익혔는지 확인할 수 있어요. 그 외 생활 속 다양한 읽기 자료(과자 이름, 상점 간판 등)를 읽게 하면 한글을 좀 더 빠르고 쉽게 익힐 수 있어요.

● 그림의 이름을 빈칸에 써 보세요.

ㄲ

음운 읽기 ㄱ과 비교하며 ㄲ의 모양을 살펴보고 소리를 따라 해 보세요.

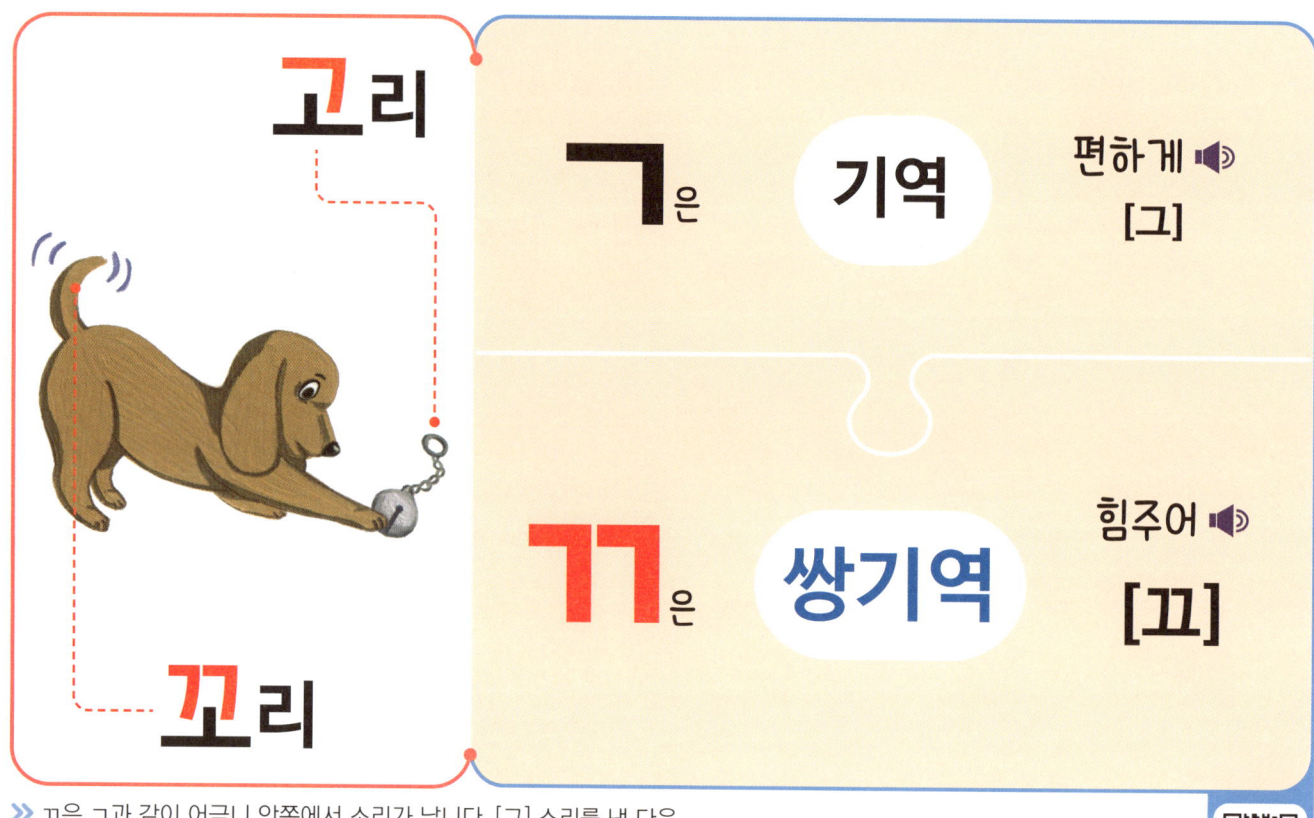

» ㄲ은 ㄱ과 같이 어금니 안쪽에서 소리가 납니다. [그] 소리를 낸 다음, 목에 힘을 주어 [끄] 소리를 내면서 ㄲ의 모양과 소리를 익히게 해 주세요.

음운 읽기 쓰기 ㄲ을 읽고 써 보세요.

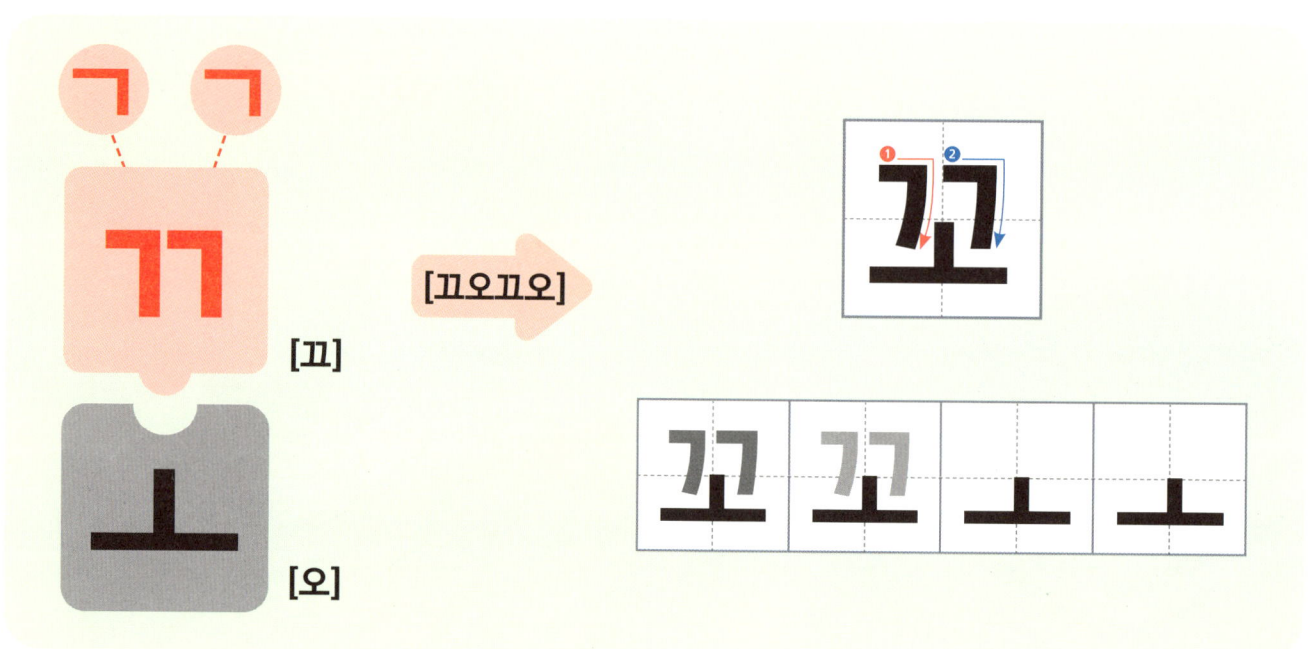

8일

음운 읽기 쓰기 만든 글자를 읽으면서 따라 써 보세요.

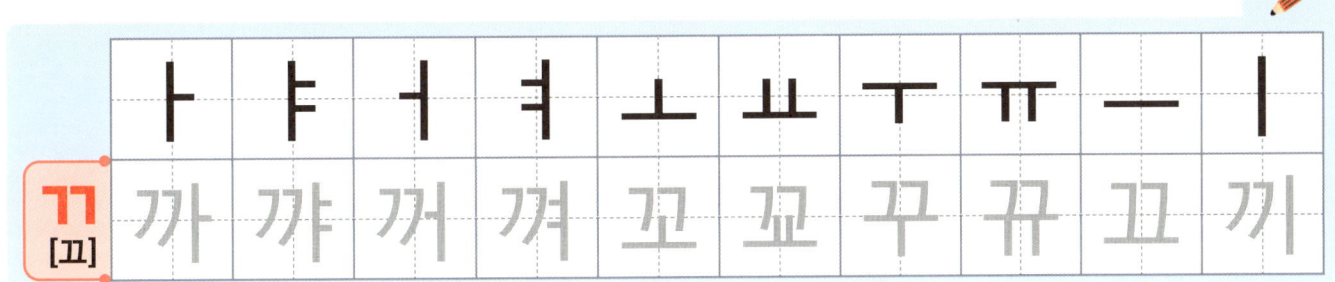

	ㅏ	ㅑ	ㅓ	ㅕ	ㅗ	ㅛ	ㅜ	ㅠ	ㅡ	ㅣ
ㄲ [끄]	까	꺄	꺼	껴	꼬	꾜	꾸	뀨	끄	끼

읽기 쓰기 낱말을 소리 내어 읽고 글자를 따라 써 보세요.

꼬 끼 오 닭 우는 소리

아이들이 까 르 르

벌레가 꾸 물 꾸 물

41

읽기 쓰기 낱말을 소리 내어 읽고 써 보세요.

 두꺼비

  꼬치

 까치

  주꾸미

 토끼

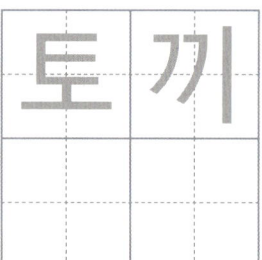  미꾸라지

 끄다

 미끄럼틀

 코끼리

 꿀벌

42

재미있게 마무리하기

쓰기 어휘 그림에 알맞은 글자 카드를 골라 ○표를 하고 낱말을 써 보세요.

지 꺼 치 까 꾸

까 끼 꾸 도 토

까 꺼 꼬 두 비

읽기 문해 ㄲ이 들어 있는 글자에 ○표를 하며 글을 읽어 보세요.

» 한글 공부의 즐거움을 느낄 수 있도록 리듬감을 살려 글을 읽게 해 주세요. 아직 배우지 않은 글자는 읽는 것을 도와주세요.

꼭꼭 숨어라!
까까머리 보일라.
이건 뭐야? 토끼 꼬리.
저건 뭐야? 코끼리 코.

ㄸ

음운 읽기 ㄷ과 비교하며 ㄸ의 모양을 살펴보고 소리를 따라 해 보세요.

» ㄸ은 ㄷ과 같이 혀끝이 윗잇몸에 닿았다가 떨어지며 소리가 납니다. [드] 소리를 낸 다음, 목에 힘을 주어 [뜨] 소리를 내면서 ㄸ의 모양과 소리를 익히게 해 주세요.

음운 읽기 쓰기 ㄸ을 읽고 써 보세요.

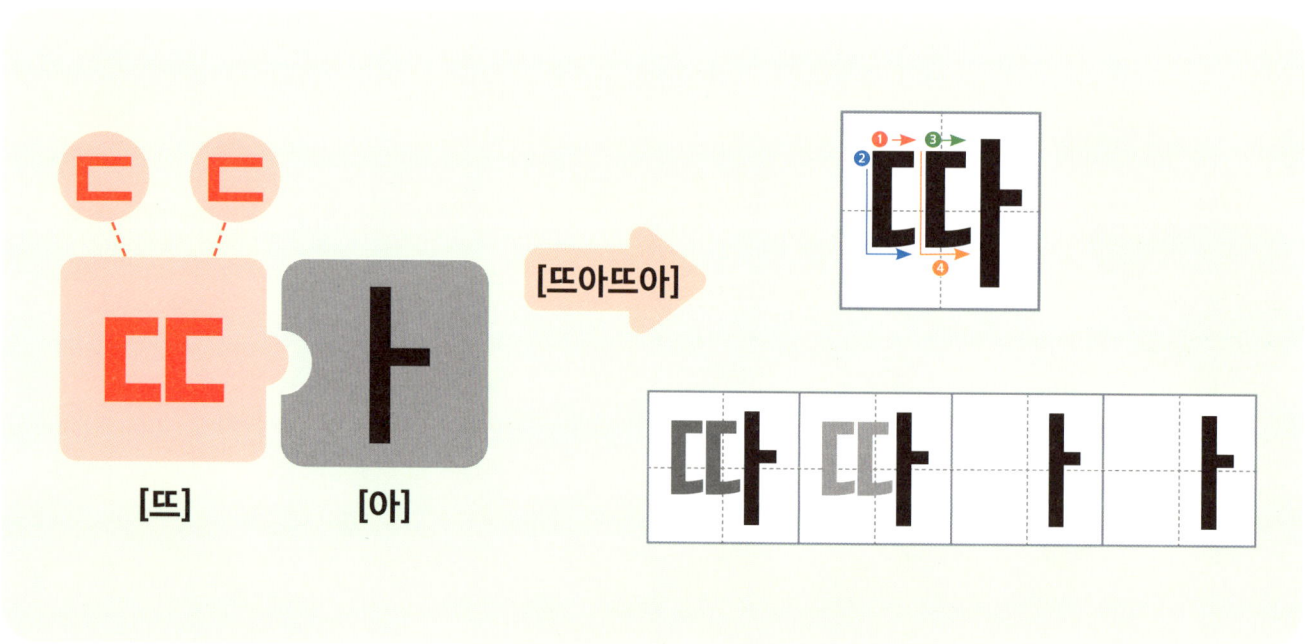

음운 읽기 쓰기 만든 글자를 읽으면서 따라 써 보세요.

	ㅏ	ㅑ	ㅓ	ㅕ	ㅗ	ㅛ	ㅜ	ㅠ	ㅡ	ㅣ
ㄸ [뜨]	따	땨	떠	뗘	또	뚀	뚜	뜌	뜨	띠

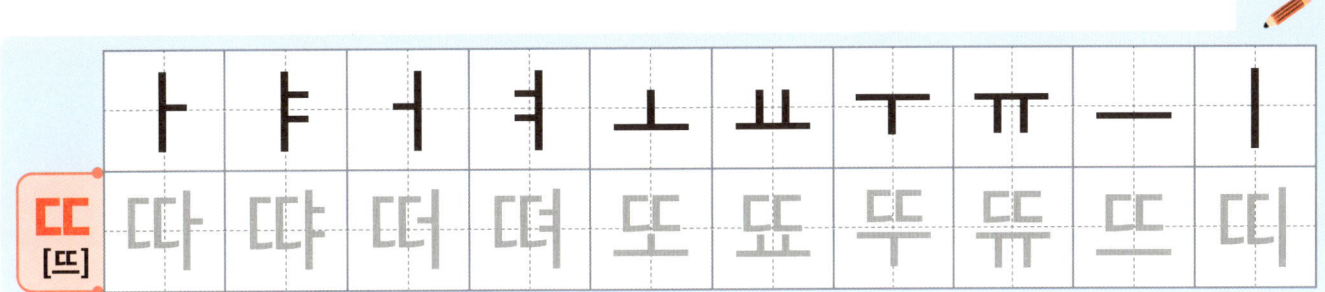

읽기 쓰기 낱말을 소리 내어 읽고 글자를 따라 써 보세요.

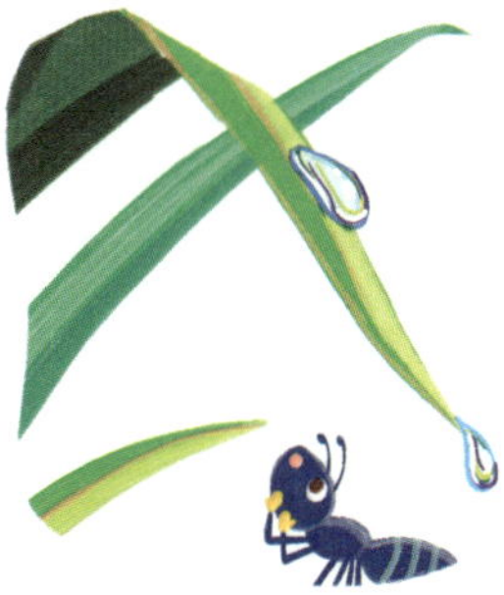

물방울이 또르르

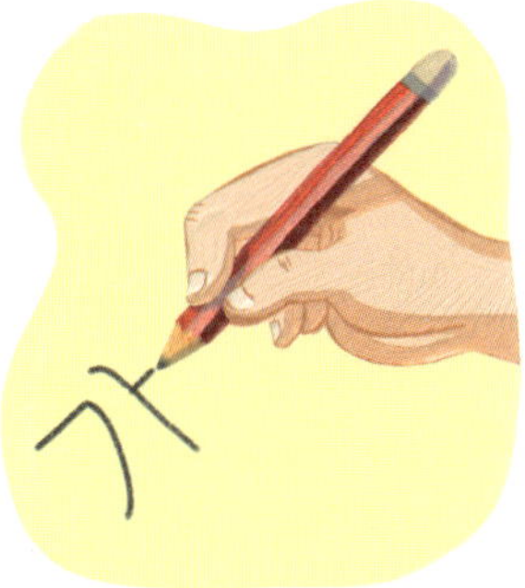

또박또박 예쁜 글씨

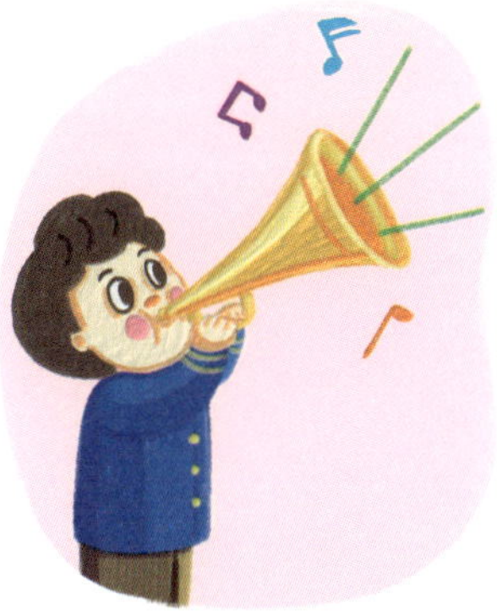

뚜뚜 따따따

나팔 소리

읽기 쓰기 낱말을 소리 내어 읽고 써 보세요.

 따 다

 머 리 띠

 뜨 다

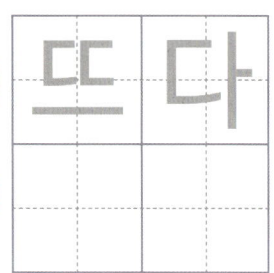 딸 기

 메 뚜 기
메

 떡

 뚜 껑

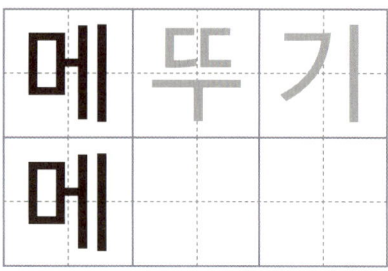 땅 콩

 딱 따 구 리

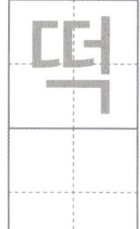 똥

재미있게 마무리하기

쓰기 어휘 그림에 알맞은 글자 카드를 골라 ○표를 하고 낱말을 써 보세요.

끼 달 기 딸 떡

땀 땅 당 콩 꽁

뜨 머 띠 디 리

읽기 문해 ㄸ이 들어 있는 글자에 ○표를 하며 글을 읽어 보세요.

나무 위 딱따구리
딱 딱 딱 구멍 파고,
굴뚝 아래 귀뚜라미
귀뚤귀뚤 노래해요.

ㅃ

음운 읽기 ㅂ과 비교하며 ㅃ의 모양을 살펴보고 소리를 따라 해 보세요.

» ㅃ은 ㅂ과 같이 두 입술이 맞닿았다가 떨어지며 소리가 납니다. [브] 소리를 낸 다음, 목에 힘을 주어 [쁘] 소리를 내면서 ㅃ의 모양과 소리를 익히게 해 주세요.

음운 읽기 쓰기 ㅃ을 읽고 써 보세요.

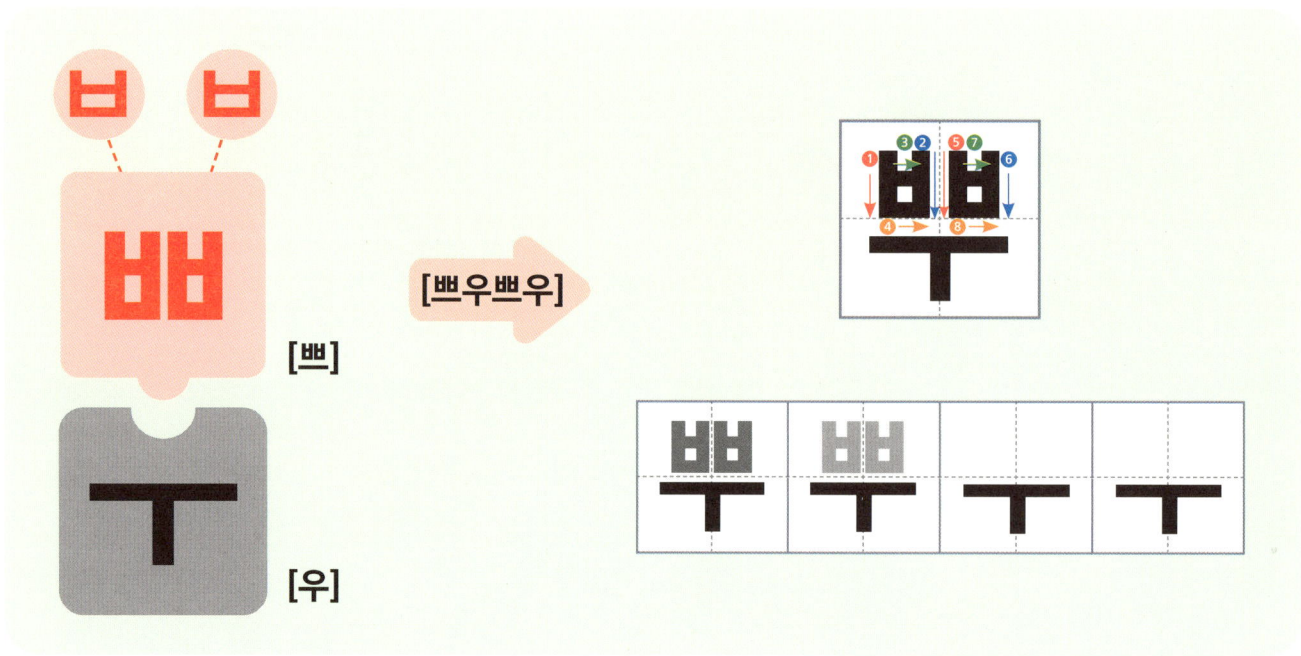

음운 읽기 쓰기 만든 글자를 읽으면서 따라 써 보세요.

	ㅏ	ㅑ	ㅓ	ㅕ	ㅗ	ㅛ	ㅜ	ㅠ	ㅡ	ㅣ
ㅃ [쁘]	빠	뺘	뻐	뼈	뽀	뾰	뿌	쀼	쁘	삐

읽기 쓰기 낱말을 소리 내어 읽고 글자를 따라 써 보세요.

병아리가 삐악 삐악

뻐 구 기 가
뻐 꾹 뻐 꾹

거품이 뽀 글 뽀 글

읽기 쓰기 낱말을 소리 내어 읽고 써 보세요.

 빠 르 다

 뼈

 빨 강

 뿌 리

 식 빵

 빨 래 래

 뻐 꾸 기

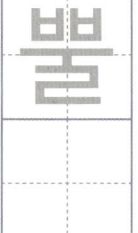 뿔

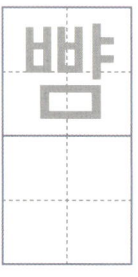 뺨

 뻘 뻘

재미있게 마무리하기

쓰기 어휘 그림에 알맞은 글자 카드를 골라 ○표를 하고 낱말을 써 보세요.

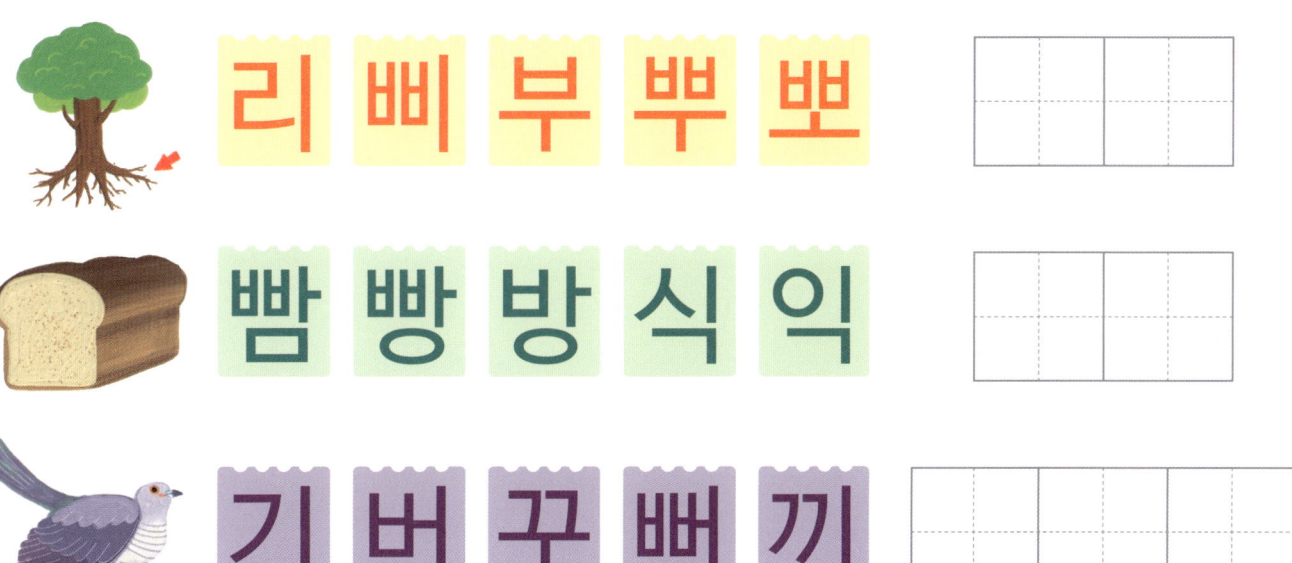

읽기 문해 ㅃ이 들어 있는 글자에 ○표를 하며 글을 읽어 보세요.

삐악삐악
병아리 울음소리!
놀란 암탉이
뽀르르 달려가요.

ㅆ

음운 읽기 ㅅ과 비교하며 ㅆ의 모양을 살펴보고 소리를 따라 해 보세요.

≫ ㅆ은 ㅅ과 같이 혀의 앞부분이 윗잇몸에 닿을락 말락 하며 소리가 납니다. [스] 소리를 낸 다음, 목에 힘을 주어 [쓰] 소리를 내면서 ㅆ의 모양과 소리를 익히게 해 주세요.

음운 읽기 쓰기 ㅆ을 읽고 써 보세요.

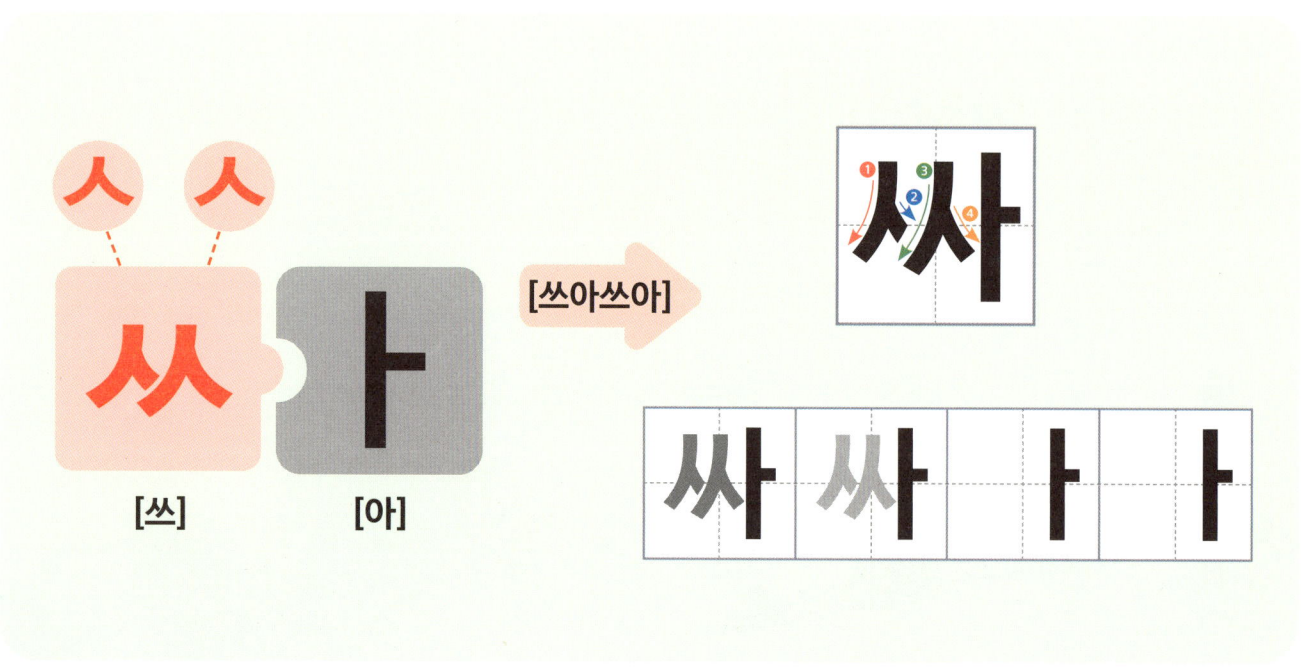

11일

음운 읽기 쓰기 만든 글자를 읽으면서 따라 써 보세요.

	ㅏ	ㅑ	ㅓ	ㅕ	ㅗ	ㅛ	ㅜ	ㅠ	ㅡ	ㅣ
ㅆ [쓰]	싸	쌰	써	쎠	쏘	쑈	쑤	쓔	쓰	씨

읽기 쓰기 낱말을 소리 내어 읽고 글자를 따라 써 보세요.

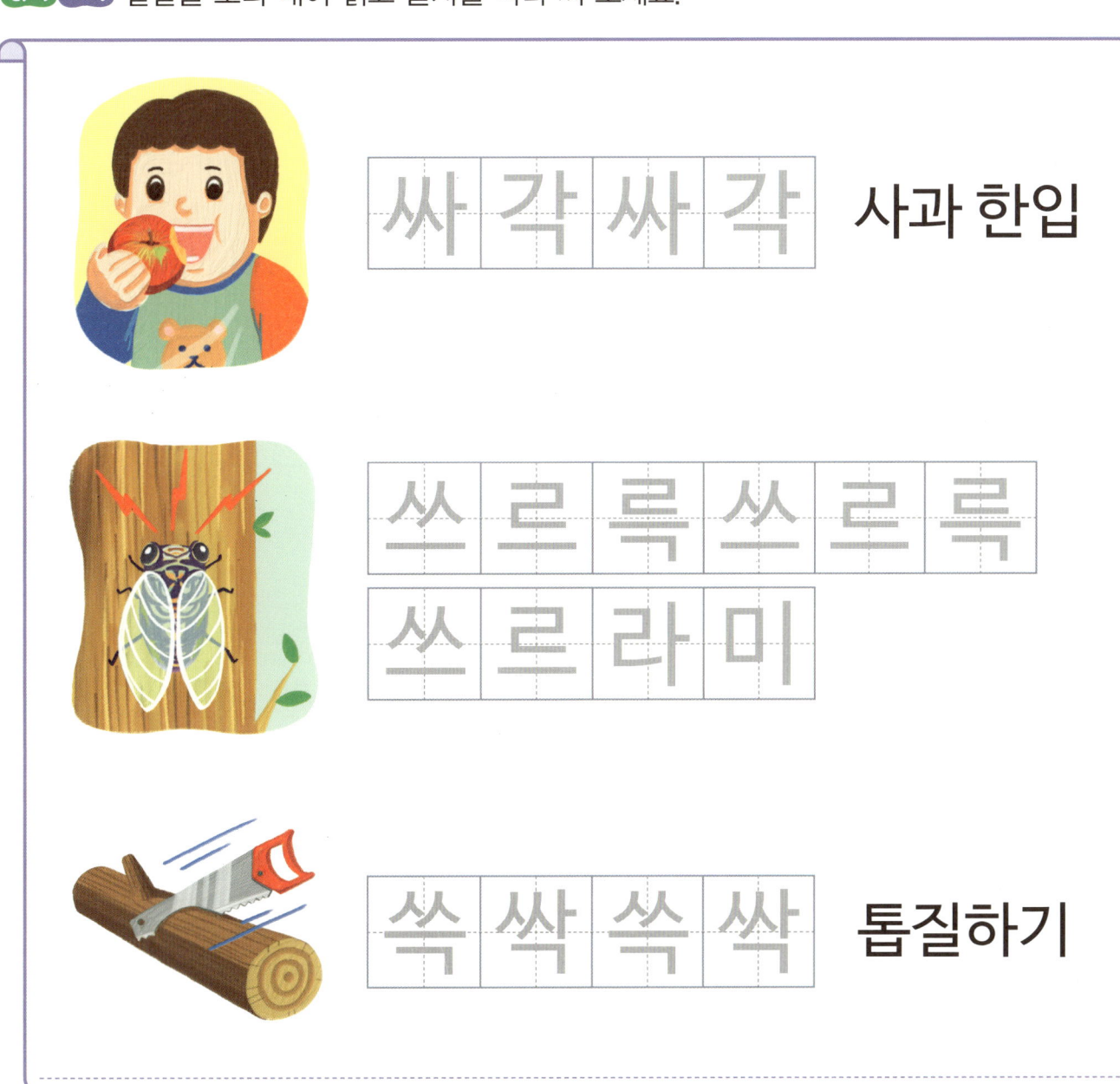

싸각싸각 사과 한입

쓰르륵쓰르륵
쓰르라미

쓱싹쓱싹 톱질하기

읽기 쓰기 낱말을 소리 내어 읽고 써 보세요.

 눈싸움　 싸다

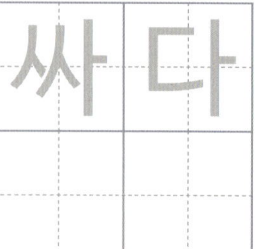

이쑤시개　 씨름

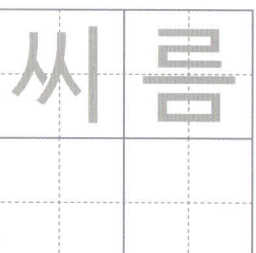 쓰레기　 쌀밥

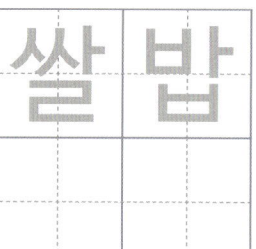 아저씨　 눈썹

 쌍둥이　 씨앗

재미있게 마무리하기

쓰기 어휘 그림에 알맞은 글자 카드를 골라 ○표를 하고 낱말을 써 보세요.

 음 름 싸 씨 시

 쌀 살 빱 밥 씰

 싼 쌍 이 상 둥

읽기 문해 ㅆ이 들어 있는 글자에 ○표를 하며 글을 읽어 보세요.

쓱쓱 싹싹!
눈 쓸지 마세요.
눈사람도 만들고
눈싸움도 할래요.

ㅉ

음운 읽기 ㅈ과 비교하며 ㅉ의 모양을 살펴보고 소리를 따라 해 보세요.

>> ㅉ은 ㅈ과 같이 혀의 앞부분이 윗잇몸에 닿을락 말락 하며 소리가 납니다. [ㅈ] 소리를 낸 다음, 목에 힘을 주어 [쯔] 소리를 내면서 ㅉ의 모양과 소리를 익히게 해 주세요.

음운 읽기 쓰기 ㅉ를 읽고 써 보세요.

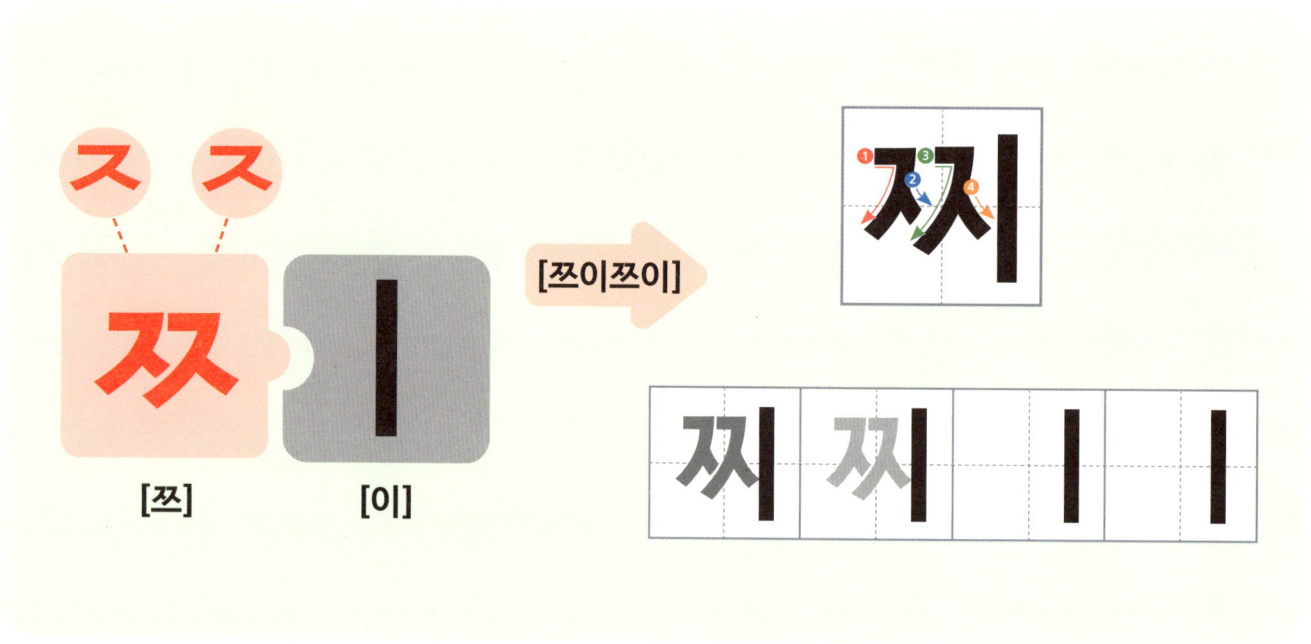

12일

음운 읽기 쓰기 만든 글자를 읽으면서 따라 써 보세요.

	ㅏ	ㅑ	ㅓ	ㅕ	ㅗ	ㅛ	ㅜ	ㅠ	ㅡ	ㅣ
ㅉ [쯔]	짜	쨔	쩌	쪄	쪼	쬬	쭈	쮸	쯔	찌

읽기 쓰기 낱말을 소리 내어 읽고 글자를 따라 써 보세요.

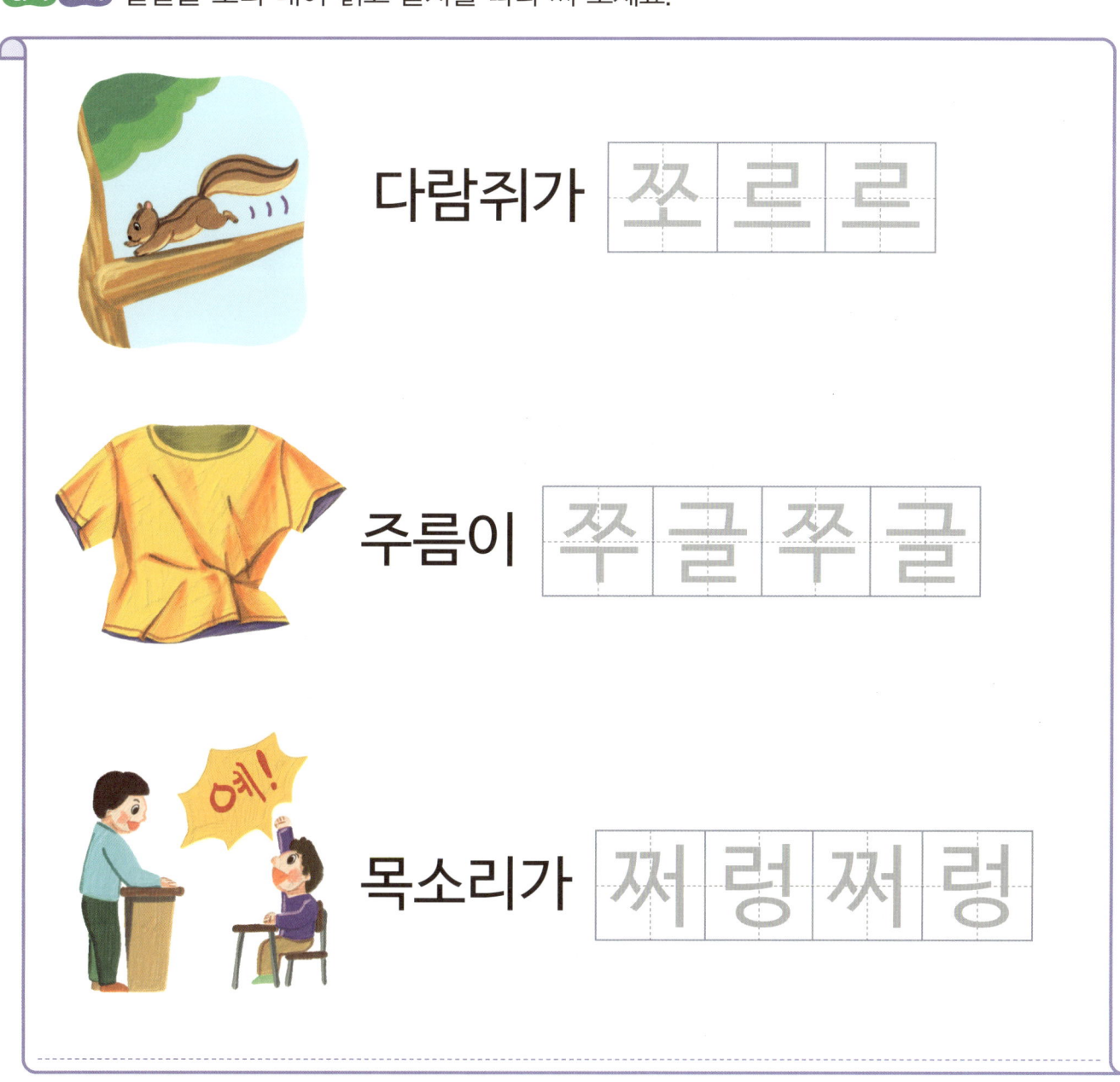

다람쥐가 쪼 르 르

주름이 쭈 글 쭈 글

목소리가 쩌 렁 쩌 렁

 읽기 쓰기 낱말을 소리 내어 읽고 써 보세요.

 날짜

 짜장면

 버찌

 찌꺼기

 찌개

 짝꿍

 찐빵

 찜질방

 쪼다

 찡그리다

재미있게 마무리하기

쓰기 어휘 그림에 알맞은 글자 카드를 골라 ○표를 하고 낱말을 써 보세요.

 찌 지 버 쯔 뻐

 진 찐 쫀 빵 방

 차 장 짱 면 짜

읽기 문해 ㅉ이 들어 있는 글자에 ○표를 하며 글을 읽어 보세요.

짜장면도 맛있고
짬뽕도 맛있지만,
엄마가 만든
김치찌개가 최고예요.

쏙쏙 된소리

● 글자의 이름을 차례대로 말해 보세요.

ㄲ	ㄸ	ㅃ	ㅆ	ㅉ
쌍기역	쌍디귿	쌍비읍	쌍시옷	쌍지읒

● 빈칸에 모두 들어가는 글자에 ○표를 해 보세요.

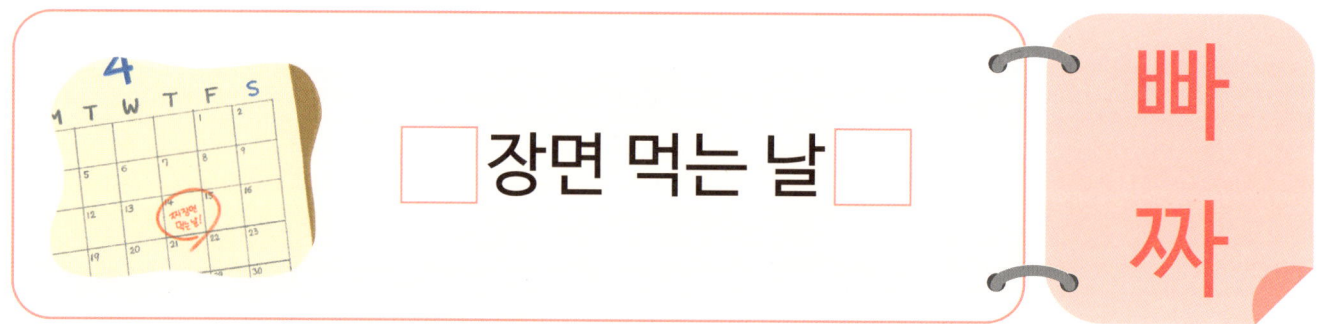

□장면 먹는 날□ 　빠 / 짜

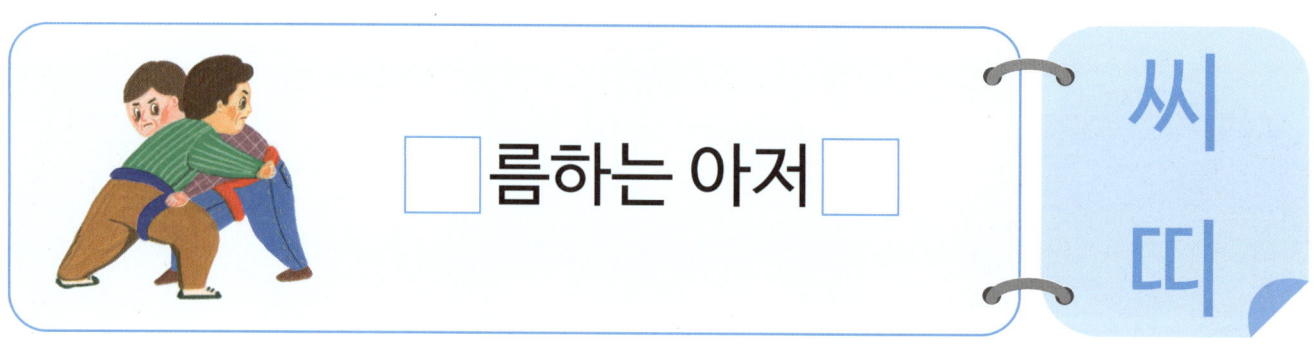

□름하는 아저□ 　씨 / 띠

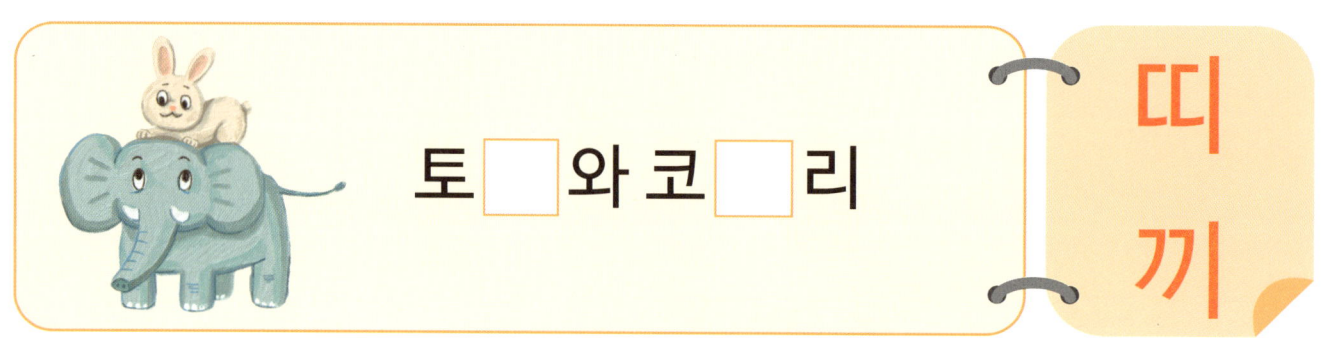

토□와 코□리 　띠 / 끼

13일

● 글자를 소리 내어 읽으면서 따라 써 보세요.

| 쌍기역 | 쌍디귿 | 쌍비읍 | 쌍시옷 | 쌍지읒 |
| ㄲ | ㄸ | ㅃ | ㅆ | ㅉ |

● 빈칸에 알맞은 글자에 ○표를 하고 옮겨 써 보세요.

가 — [ ]치 — 까

띠 — 머리[ ] — 디

사 — 눈[ ]움 — 싸

● 낱말을 읽고 알맞은 그림을 찾아 줄로 이어 보세요.

꼬끼오

삐악삐악

쓱싹쓱싹

뚜뚜 따따따

까르르

쪼르르

● 강아지 이름이에요. 아는 글자에 모두 ○표를 하고 소리 내어 읽어 보세요.

» 익숙하지 않은 낱말을 읽어 보게 함으로써 글자를 제대로 익혔는지 확인할 수 있어요. 그 외 생활 속 다양한 읽기 자료(과자 이름, 상점 간판 등)를 읽게 하면 한글을 좀 더 빠르고 쉽게 익힐 수 있어요.

● 그림의 이름을 빈칸에 써 보세요.

ㅐ

ㅐ 모양 | 이름 | 소리

음운 읽기 ㅐ의 모양을 살펴보며 소리를 따라 해 보세요.

애고고 할 때

[애]

≫ 제시된 글을 리듬감 있게 읽어 주어 재미있게 글자의 모양과 소리를 익히도록 해 주세요.

음운 읽기 쓰기 ㅐ를 읽고 써 보세요.

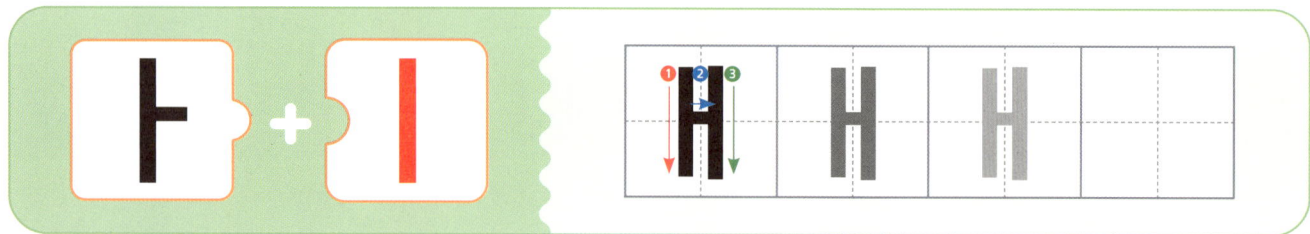

≫ ㅐ는 모음 ㅏ와 ㅣ가 합쳐져서 만들어졌음을 알게 해 주세요.

음운 읽기 글자를 손으로 짚어 가며 읽어 보세요.

 낱말

읽기 쓰기 낱말을 소리 내어 읽고 글자를 써 보세요.

개　배　새　해

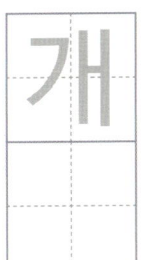 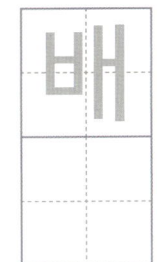 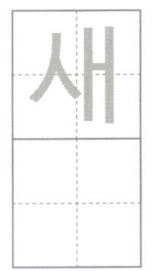 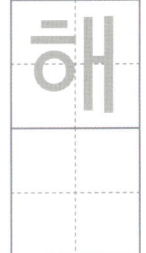

개미　대추　고래　배추

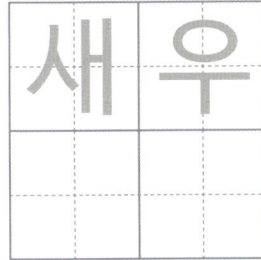

새우　매표소　재채기

읽기 쓰기 낱말을 소리 내어 읽고 글자를 써 보세요.

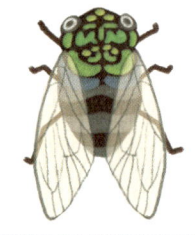   

매미 모래 조개 자매

개구리 무지개 채소

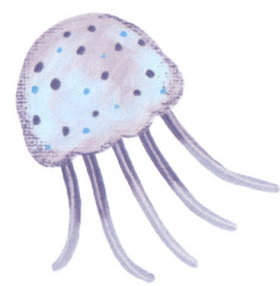 

해파리 해바라기

재미있게 마무리하기

읽기 어휘 그림에 알맞은 낱말에 ○표를 해 보세요.

조게
조개

개미
게미

베
배

읽기 문해 ㅐ가 들어 있는 글자를 찾아 ○표를 하고 글자를 읽어 보세요.

» 한글 공부의 즐거움을 느낄 수 있도록 리듬감을 살려 읽어 주세요. 한글 습득 후에 글을 읽고 이해하는 능력을 키우는 데에도 도움이 됩니다.

고래가 노래하면
새우는 대굴대굴,
조개는 따닥따닥,
해마는 빙글 재주넘어요.

ㅔ

ㅔ 모양 | 이름 | 소리

음운 읽기 ㅔ의 모양을 살펴보며 소리를 따라 해 보세요.

음운 읽기 쓰기 ㅔ를 읽고 써 보세요.

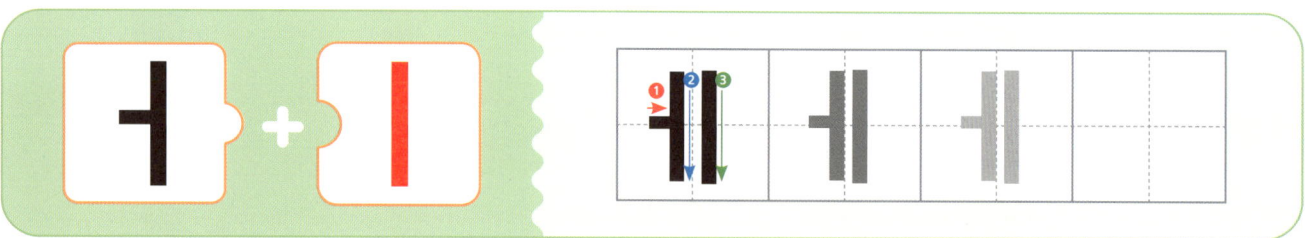

≫ ㅔ는 모음 ㅓ와 ㅣ가 합쳐져서 만들어졌음을 알게 해 주세요.

음운 읽기 글자를 손으로 짚어 가며 읽어 보세요.

ㅔ 낱말

읽기 쓰기 낱말을 소리 내어 읽고 글자를 써 보세요.

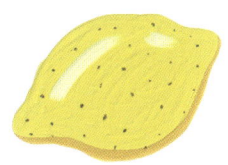

게 그네 레몬 카레

드레스 세수 베개

케이크 제비 카페

읽기 쓰기 낱말을 소리 내어 읽고 글자를 써 보세요.

네모　　수세미　　휴게소

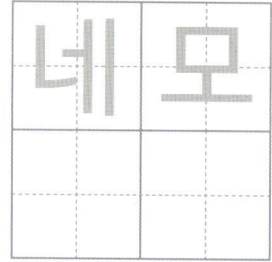

누에　　카메라　　테니스

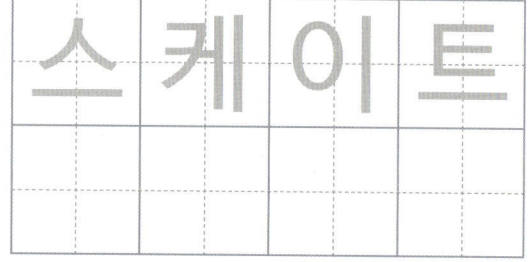

스케이트　　크레파스

재미있게 마무리하기

읽기 어휘 그림에 알맞은 낱말에 ○표를 해 보세요.

네모
내모

그네
그내

카래
카레

읽기 문해 ㅔ가 들어 있는 글자를 찾아 ○표를 하고 글자를 읽어 보세요.

카레라이스 먹고
설거지를 해요.
수세미에 세제 묻혀
박박 문질러요.

ㅚ ㅟ

ㅚ 모양 | 이름 | 소리

음운 읽기 ㅚ의 모양을 살펴보며 소리를 따라 해 보세요.

ㅚ는 [외]
참외 할 때 [외]

음운 읽기 쓰기 ㅚ를 읽고 써 보세요.

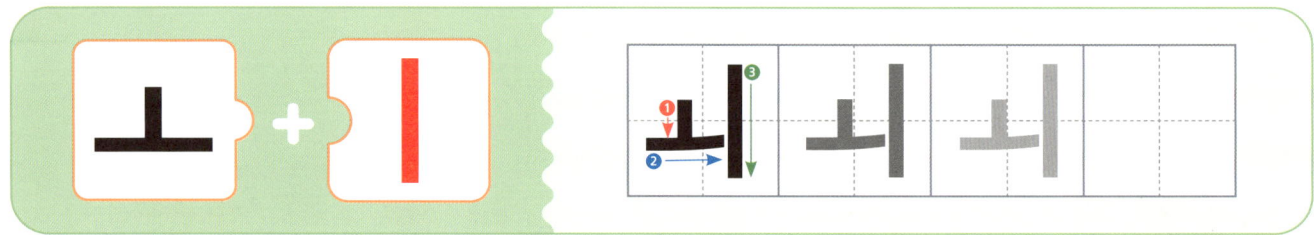

≫ ㅚ는 모음 ㅗ와 ㅣ가 합쳐져서 만들어졌음을 알게 해 주세요.

음운 읽기 글자를 손으로 짚어 가며 읽어 보세요.

ㅚ[외]	ㄱ	ㄴ	ㄷ	ㄹ	ㅁ	ㅂ	ㅅ	ㅇ	ㅈ	ㅊ	ㅋ	ㅌ	ㅍ	ㅎ
	괴	뇌	되	뢰	뫼	뵈	쇠	외	죄	최	쾨	퇴	푀	회

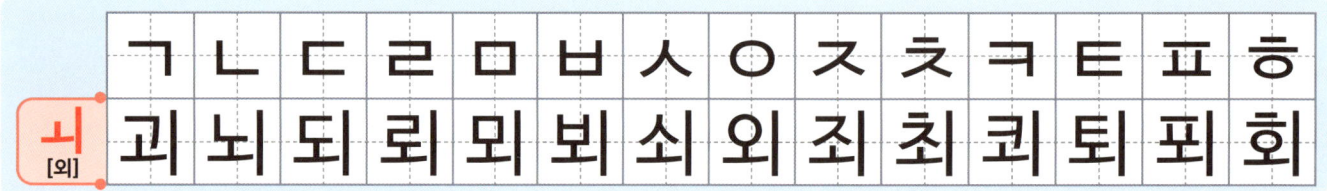

16일

ㅟ 모양 | 이름 | 소리

음운 읽기 ㅟ의 모양을 살펴보며 소리를 따라 해 보세요.

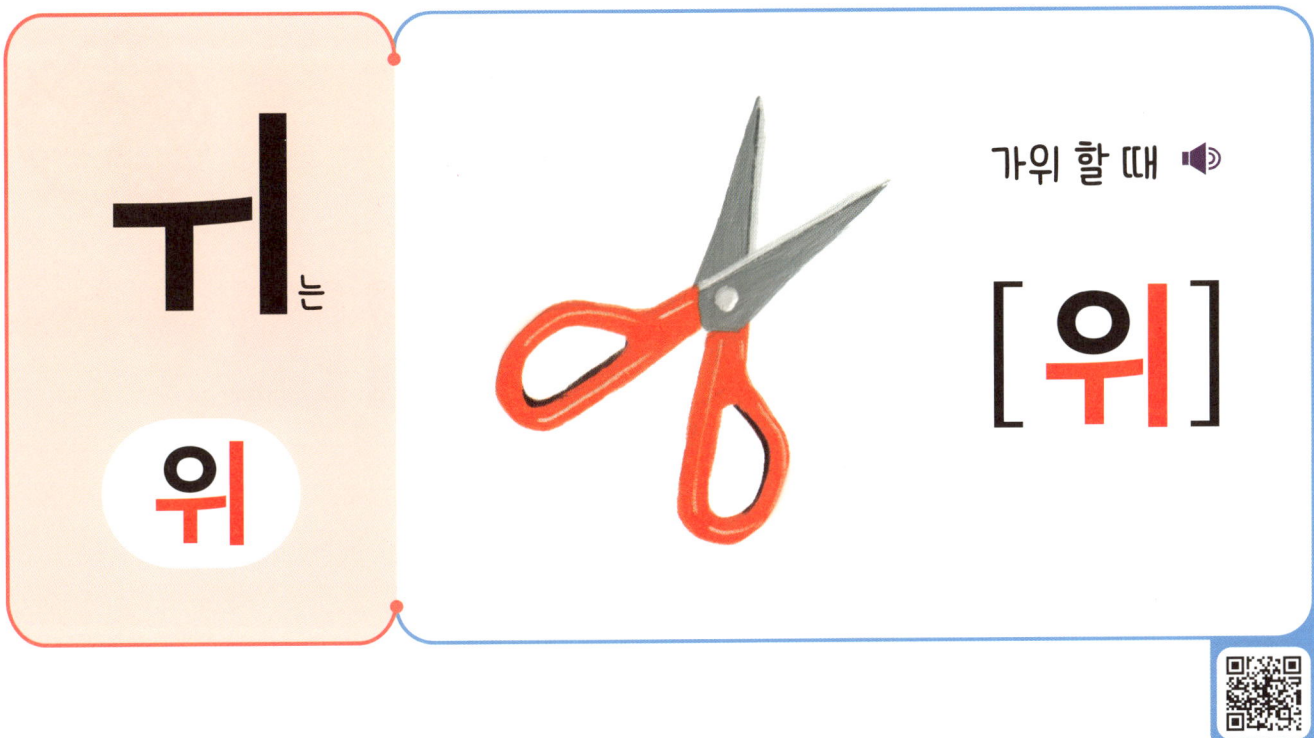

ㅟ는 [위]
가위 할 때 [위]

음운 읽기 쓰기 ㅟ를 읽고 써 보세요.

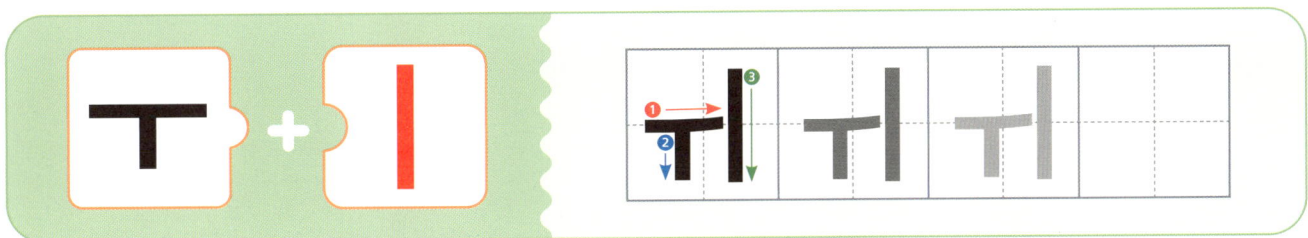

ㅜ + ㅣ

» ㅟ는 모음 ㅜ와 ㅣ가 합쳐져서 만들어졌음을 알게 해 주세요.

음운 읽기 글자를 손으로 짚어 가며 읽어 보세요.

	ㄱ	ㄴ	ㄷ	ㄹ	ㅁ	ㅂ	ㅅ	ㅇ	ㅈ	ㅊ	ㅋ	ㅌ	ㅍ	ㅎ
ㅟ [위]	귀	뉘	뒤	뤼	뮈	뷔	쉬	위	쥐	취	퀴	튀	퓌	휘

 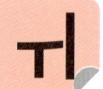 낱말

🟢읽기 🟣쓰기 낱말을 소리 내어 읽고 글자를 써 보세요.

귀　　뒤　　쥐　　위

참외　　최고　　회사　　바위

  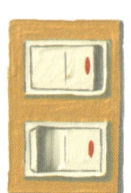

바퀴　　귀고리　　스위치

재미있게 마무리하기

읽기 어휘 그림에 알맞은 낱말에 ○표를 해 보세요.

쥐
지

바키
바퀴

기고리
귀고리

읽기 문해 ㅟ가 들어 있는 글자를 찾아 ○표를 하고 글자를 읽어 보세요.

고양이 머리 위,
생쥐들이 놀다가
바위 뒤로 쏙 숨어요.

ㅘ ㅝ

ㅘ 모양 | 이름 | 소리

음운 읽기 ㅘ의 모양을 살펴보며 소리를 따라 해 보세요.

기뻐할 때

[와]

음운 읽기 쓰기 ㅘ를 읽고 써 보세요.

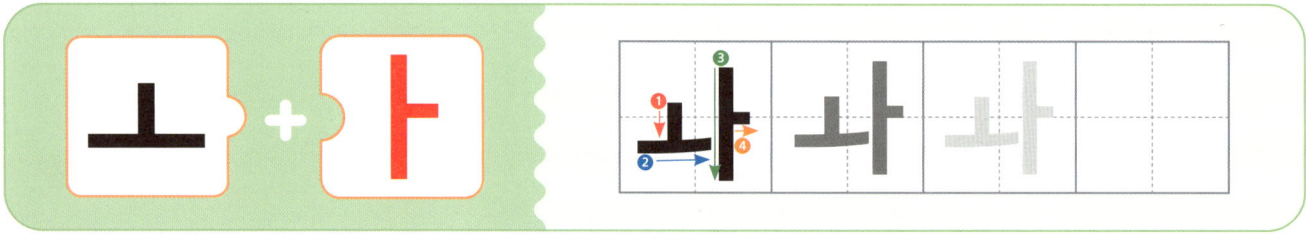

≫ ㅘ는 모음 ㅗ와 ㅏ가 합쳐져서 만들어졌으며, 소리를 낼 때는 입 모양이 ㅗ로 시작해서 재빨리 ㅏ로 바뀐다는 점을 알게 해 주세요.

음운 읽기 글자를 손으로 짚어 가며 읽어 보세요.

ㅟ 모양 | 이름 | 소리

음운 읽기 ㅟ의 모양을 살펴보며 소리를 따라 해 보세요.

더워 할 때

[워]

음운 읽기 쓰기 ㅟ를 읽고 써 보세요.

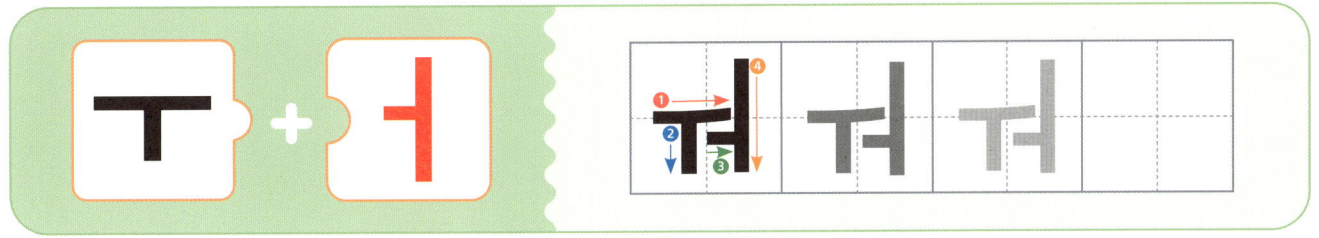

» ㅟ는 모음 ㅜ와 ㅓ가 합쳐져서 만들어졌으며, 소리를 낼 때는 입 모양이 ㅜ로 시작해서 재빨리 ㅓ로 바뀐다는 점을 알게 해 주세요.

음운 읽기 글자를 손으로 짚어 가며 읽어 보세요.

	ㄱ	ㄴ	ㄷ	ㄹ	ㅁ	ㅂ	ㅅ	ㅇ	ㅈ	ㅊ	ㅋ	ㅌ	ㅍ	ㅎ
ㅟ [워]	궈	눠	둬	뤄	뭐	붜	쉬	워	줘	춰	쿼	퉈	풔	훠

 낱말

읽기 쓰기 낱말을 소리 내어 읽고 써 보세요.

과자 사과 와이셔츠

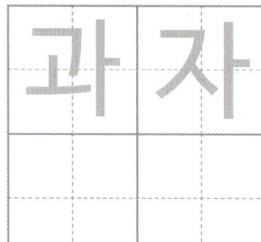 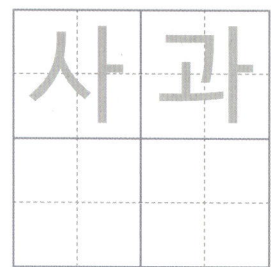 

화가 기와집 소화기

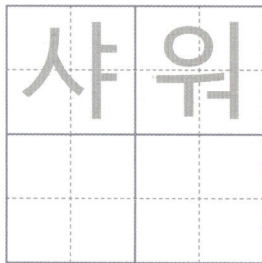  

샤워 원숭이 월요일

재미있게 마무리하기

읽기 어휘 그림에 알맞은 낱말에 ◯표를 해 보세요.

사과
사가

소하기
소화기

월요일
얼요일

읽기 문해 ㅘ가 들어 있는 글자를 찾아 ◯표를 하고 글자를 읽어 보세요.

과수원 창고에
사과가 한가득!
상자를 열 때마다
와르르 쏟아져요.

ㅖ ㅢ

 모양 | 이름 | 소리

음운 읽기 ㅖ의 모양을 살펴보며 소리를 따라 해 보세요.

음운 읽기 쓰기 ㅖ를 읽고 써 보세요.

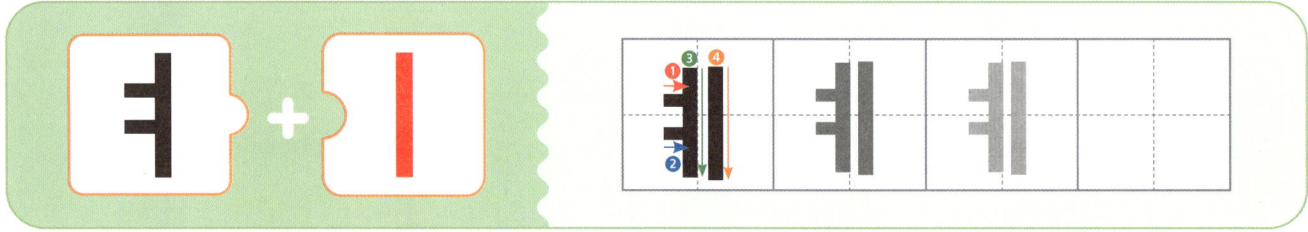

≫ ㅖ는 모음 ㅕ와 ㅣ가 합쳐져서 만들어졌으며, 소리를 낼 때는 입 모양이 ㅣ로 시작해서 재빨리 ㅔ로 바뀐다는 점을 알게 해 주세요.

음운 읽기 글자를 손으로 짚어 가며 읽어 보세요.

18일

 모양 | 이름 | 소리

음운 읽기 ㅢ의 모양을 살펴보며 소리를 따라 해 보세요.

음운 읽기 쓰기 ㅢ를 읽고 써 보세요.

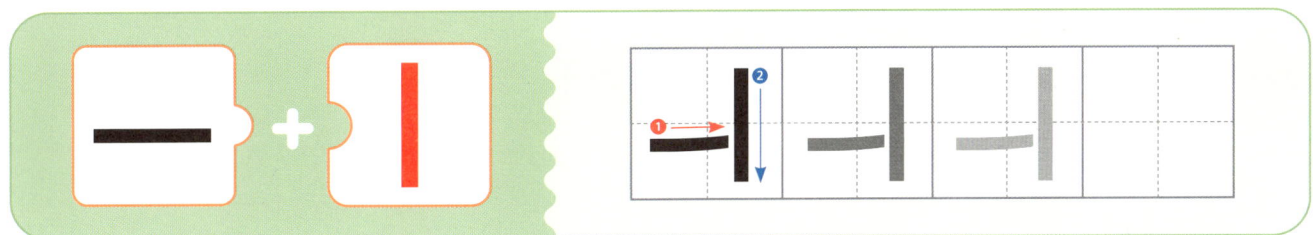

≫ ㅢ는 모음 ㅡ와 ㅣ가 합쳐져서 만들어졌으며, 소리를 낼 때는 입 모양이 ㅡ로 시작해서 재빨리 ㅣ로 바뀐다는 점을 알게 해 주세요.

음운 읽기 글자를 손으로 짚어 가며 읽어 보세요.

  낱말

읽기 쓰기 낱말을 소리 내어 읽고 글자를 써 보세요.

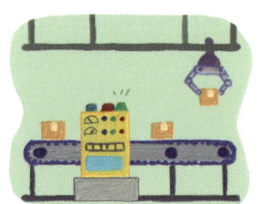

기 계

시 계

차 례

서 예

지 폐

예 의

줄 무 늬

의 사

회 의

흰 머 리

재미있게 마무리하기

읽기 어휘 그림에 알맞은 낱말에 ○표를 해 보세요.

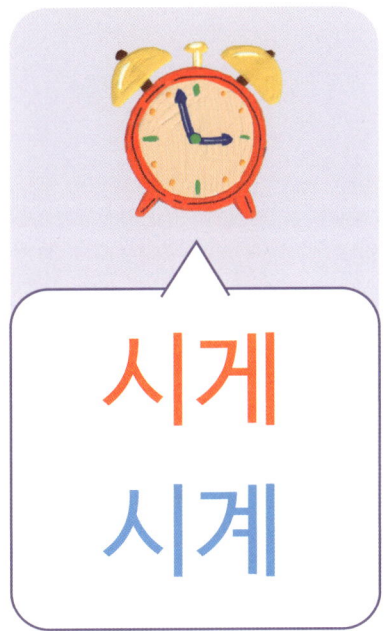

시게
시계

지페
지폐

회의
회이

읽기 문해 ㅢ가 들어 있는 글자를 찾아 ○표를 하고 글자를 읽어 보세요.

흰 티셔츠에
줄무늬 바지.
나 어때요?

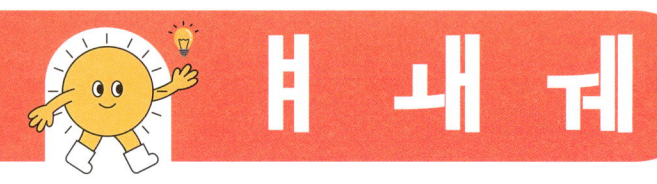

음운 읽기 ㅐ의 모양을 살펴보며 소리를 따라 해 보세요.

음운 읽기 쓰기 ㅐ를 읽고 써 보세요.

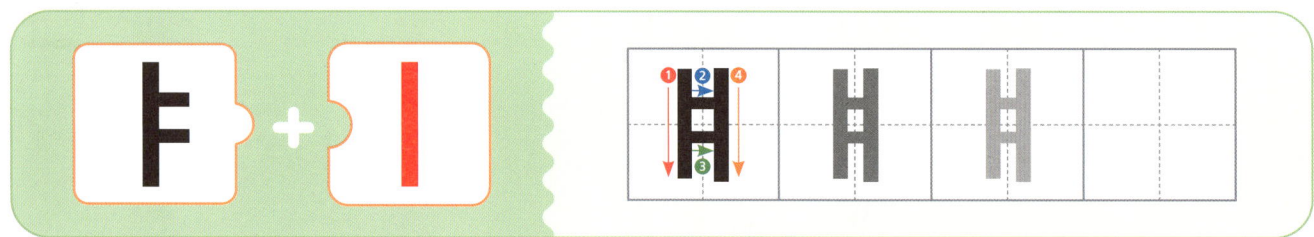

≫ ㅐ는 모음 ㅑ와 ㅣ가 합쳐져서 만들어졌으며, 소리를 낼 때는 입 모양이 ㅣ로 시작해서 재빨리 ㅐ로 바뀐다는 점을 알게 해 주세요.

음운 읽기 글자를 손으로 짚어 가며 읽어 보세요.

ㅙ 모양 | 이름 | 소리

음운 읽기 ㅙ의 모양을 살펴보며 소리를 따라 해 보세요.

음운 읽기 쓰기 ㅙ를 읽고 써 보세요.

ㅗ + ㅐ

» ㅙ는 모음 ㅗ와 ㅐ가 합쳐져서 만들어졌으며, 소리를 낼 때는 입 모양이 ㅗ로 시작해서 재빨리 ㅐ로 바뀐다는 점을 알게 해 주세요.

음운 읽기 글자를 손으로 짚어 가며 읽어 보세요.

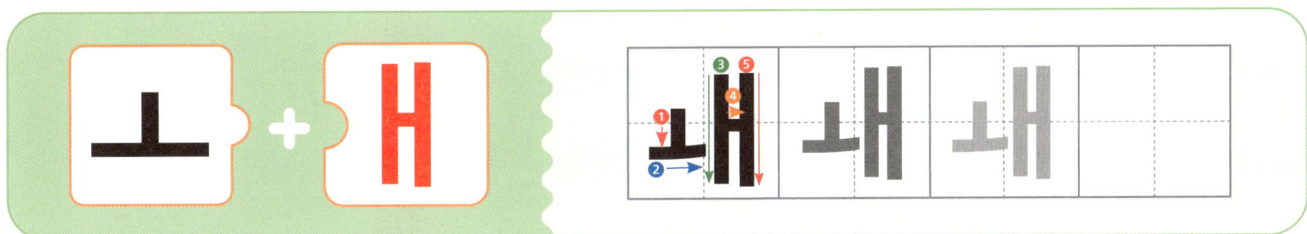

음운 읽기 ㅞ의 모양을 살펴보며 소리를 따라 해 보세요.

음운 읽기 쓰기 ㅞ를 읽고 써 보세요.

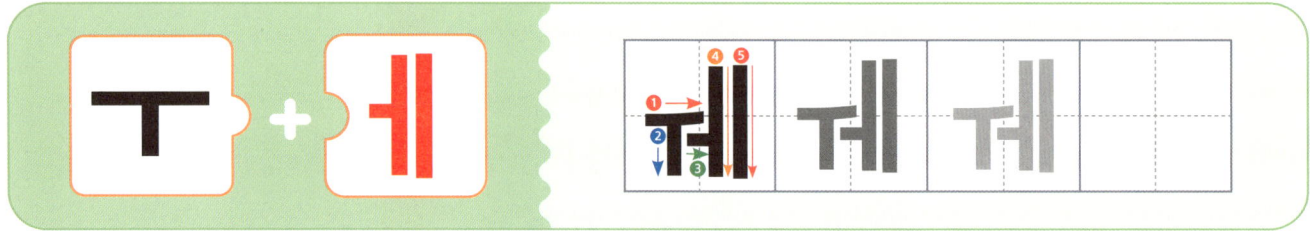

≫ ㅞ는 모음 ㅜ와 ㅔ가 합쳐져서 만들어졌으며, 소리를 낼 때는 입 모양이 ㅜ로 시작해서 재빨리 ㅔ로 바뀐다는 점을 알게 해 주세요.

음운 읽기 글자를 손으로 짚어 가며 읽어 보세요.

ㅐ ㅒ ㅖ 낱말

읽기 쓰기 낱말을 소리 내어 읽고 글자를 써 보세요.

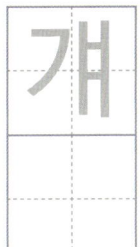
개

애

쟤

얘기책

유쾌하다

왜

궤짝

훼방꾼

89

읽기 쓰기 낱말을 소리 내어 읽고 글자를 써 보세요.

얘기하다

상쾌하다

돼지

왜가리

스웨터

웨딩드레스

퉤퉤

재미있게 마무리하기

읽기 어휘 그림에 알맞은 낱말에 ○표를 해 보세요.

돼지
대지

애기하다
얘기하다

스에터
스웨터

읽기 문해 ㅐ가 들어 있는 글자를 찾아 ○표를 하고 글자를 읽어 보세요.

꿀꿀꿀 돼지 소리
꽥꽥꽥 오리 소리
우리 집 동물 합창단.

● 글자를 소리 내어 읽고 따라 써 보세요.

● 끝말잇기를 하려고 합니다. 빈칸에 알맞은 글자를 써 보세요.

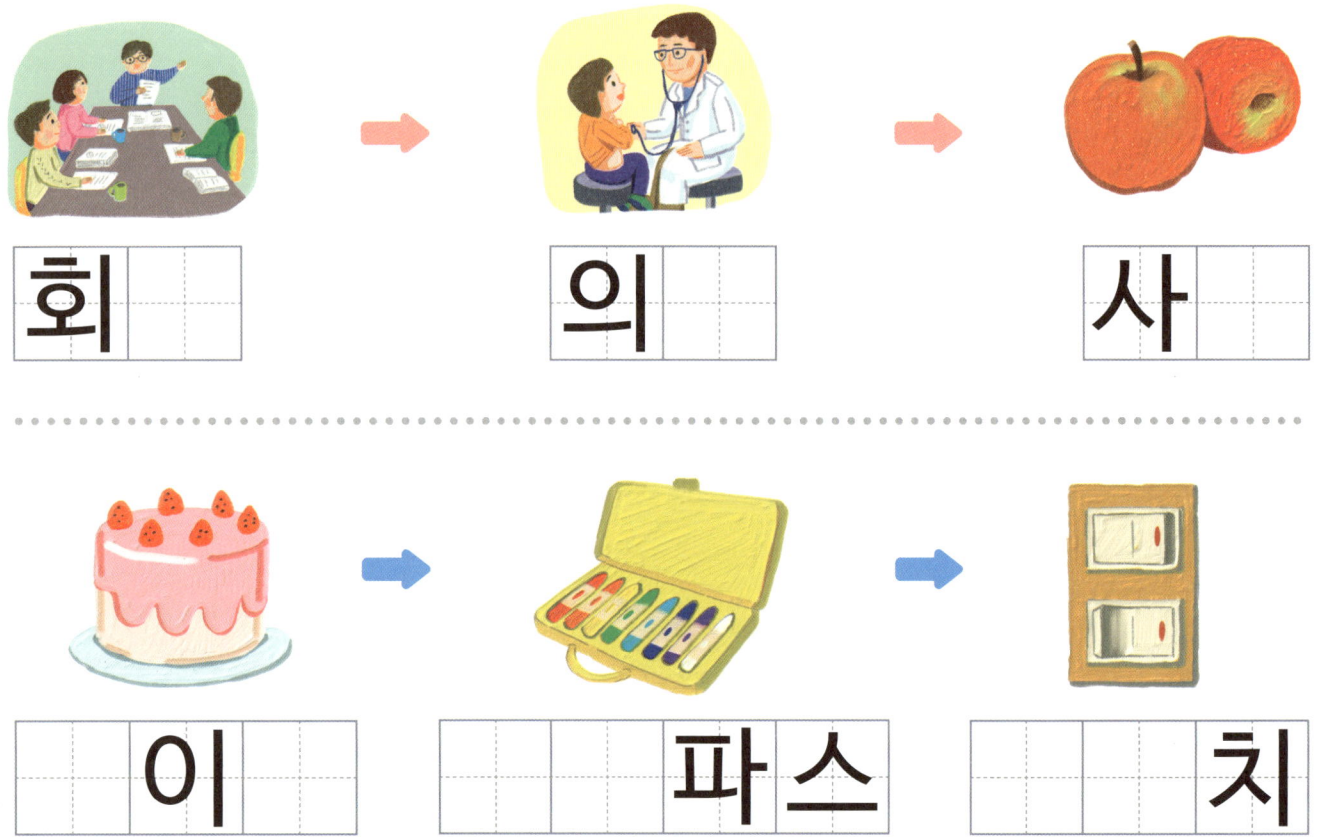

20일

● 빈칸에 모두 들어가는 글자를 찾아 ○표를 하고 옮겨 써 보세요.

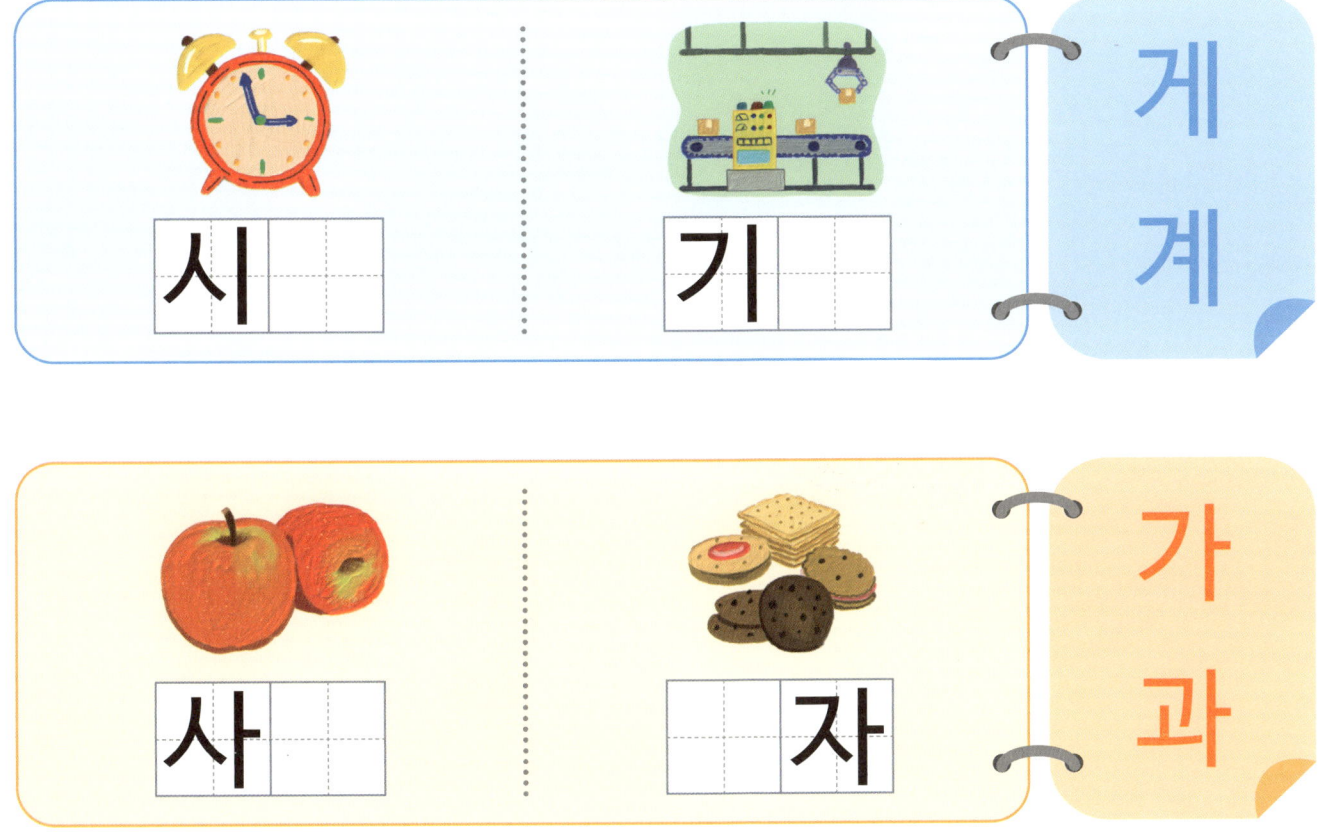

● 그림에 알맞은 글자를 ☐에서 찾아 ○표를 하고 빈칸에 옮겨 써 보세요.

● 빈칸에 들어갈 글자를 ☐에서 골라 써 보세요.

개 화

● 기차역 이름이에요. 아는 글자에 모두 ◯표를 하고 소리 내어 읽어 보세요.

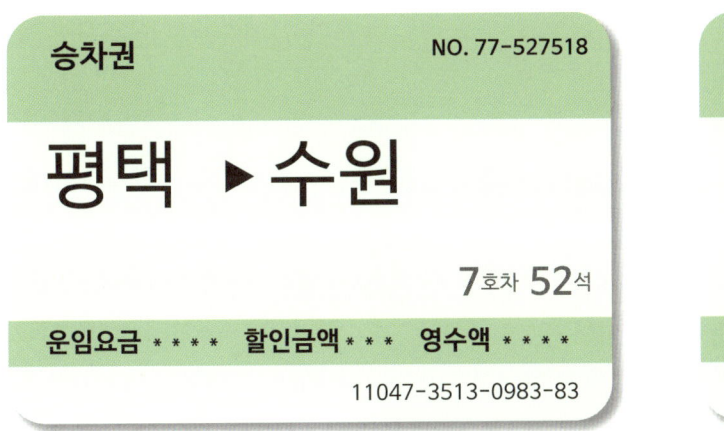
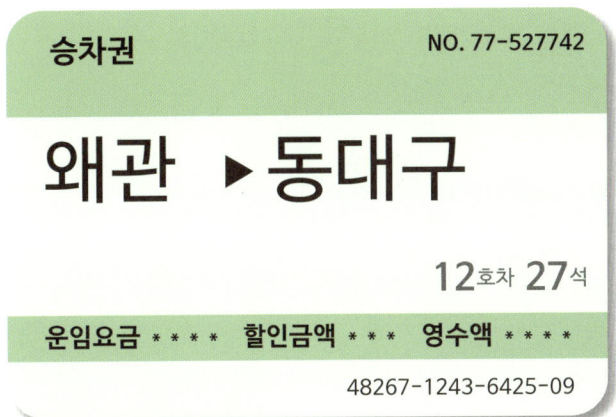
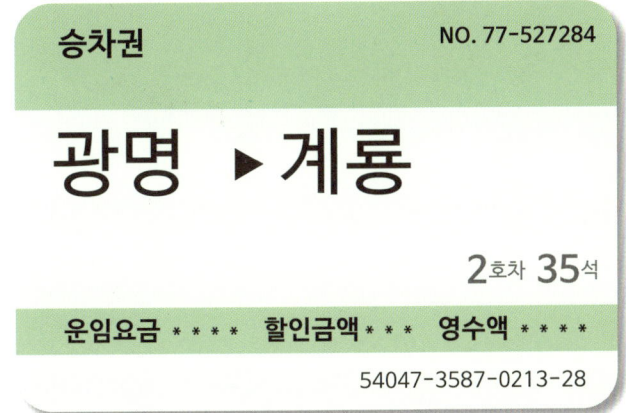

» 익숙하지 않은 낱말을 읽어 보게 함으로써 글자를 제대로 익혔는지 확인할 수 있어요. 그 외 생활 속 다양한 읽기 자료(과자 이름, 상점 간판 등)를 읽게 하면 한글을 좀 더 빠르고 쉽게 익힐 수 있어요.

● 그림의 이름을 빈칸에 써 보세요.

정답

13쪽

17쪽

21쪽

25쪽

정답

36쪽

37쪽

43쪽

47쪽

정답

61쪽

62쪽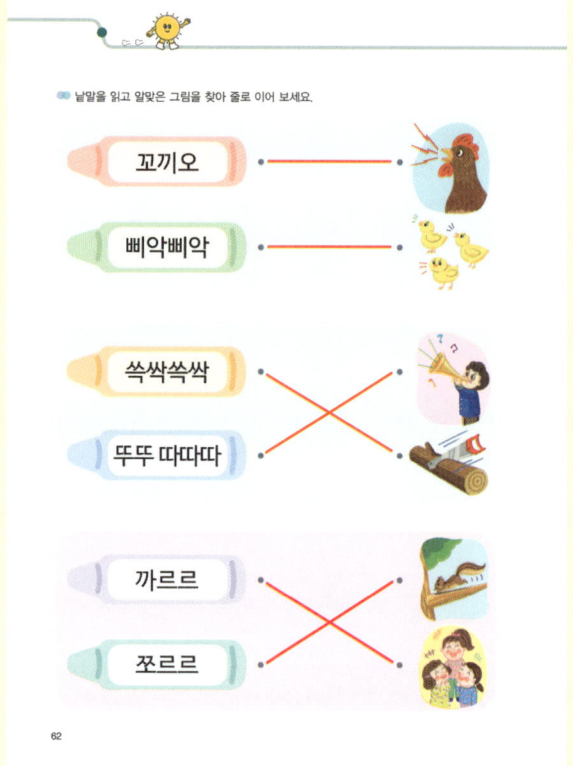

63쪽

69쪽

정답 101

정답

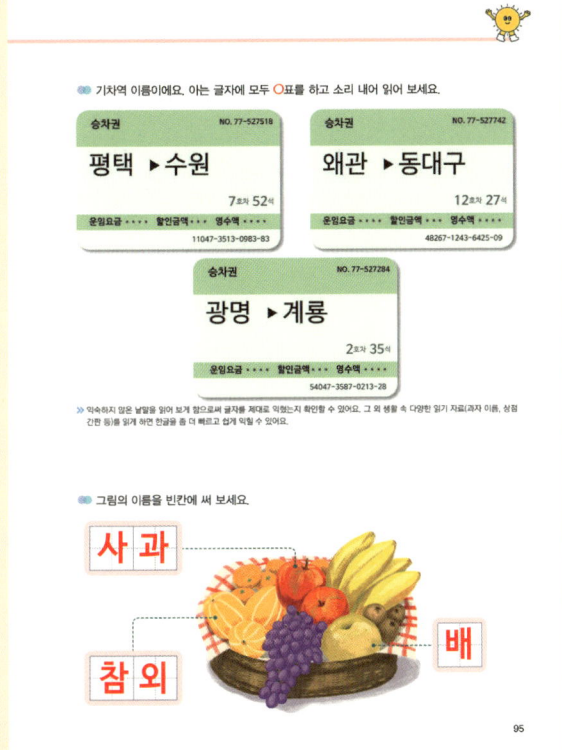

해봐요 문해력 초등 한글 2단계

초판 발행	2022년 7월 20일
초판 3쇄	2025년 3월 10일
글쓴이	엄은경, 권민희
그린이	한도희
편집	김아영
펴낸이	엄태상
디자인	권진희, 이건화, 김지연
마케팅본부	이승욱, 왕성석, 노원준, 조성민, 이선민
경영기획	조성근, 최성훈, 김로은, 최수진, 오희연
물류	정종진, 윤덕현, 신승진, 구윤주
펴낸곳	시소스터디
주소	서울시 종로구 자하문로 300 시사빌딩
주문 및 문의	1588-1582
팩스	0502-989-9592
홈페이지	www.sisostudy.com
네이버카페	시소스터디공부클럽 cafe.naver.com/sisasiso
인스타그램	instagram.com/siso_study
이메일	sisostudy@sisadream.com
등록일자	2019년 12월 21일
등록번호	제2019 - 000148호

ISBN 979-11-91244-61-8 74700
       979-11-91244-59-5 (세트)

ⓒ시소스터디 2022

* 이 책의 내용을 사전 허가 없이 전재하거나 복제할 경우 법적인 제재를 받게 됨을 알려 드립니다.
* 잘못된 책은 구입하신 서점에서 교환해 드립니다.
* 정가는 표지에 표시되어 있습니다.

8~9쪽

구름 안경 장갑 공 양말

우산 식탁 거울 치약 변기

38~39쪽

찐빵 꼬치 머리띠 쌀밥

두꺼비 짜장면 뿔 씨름 떡

64~65쪽

귀고리 원숭이 카메라

스케이트 의자 와이셔츠

시계 궤짝 참외 개구리